災害シミュレーション・チャート

被災時にどこにいるか、鳥と一緒に避難できるか、避難生活をどこで送るか……。
あらゆる状況をシミュレーションしておくことが大切です。

発災

6 hour

START 1

在宅中に被災

あなたが自宅にいれば、鳥と一緒に被災することに。室内の安全対策はできているでしょうか。その後の同行避難は行いやすい状況です。

➡ {P.50} 被災の瞬間、どうすべきか

START 2

飼い主のみ外出時に被災

あなたの外出中に災害が起こることも当然あります。家にいる鳥の安全は確保できているでしょうか。

➡ {P.26}

帰宅できる

帰宅できない

家にいても安全

家にいると危険

鳥が逃げて迷い鳥捜し

➡ {P.96}
迷子になってしまったら

決定版

鳥と一緒に生き残る 防災BOOK

いちばん役立つペットシリーズ

鳥防災編集部・編

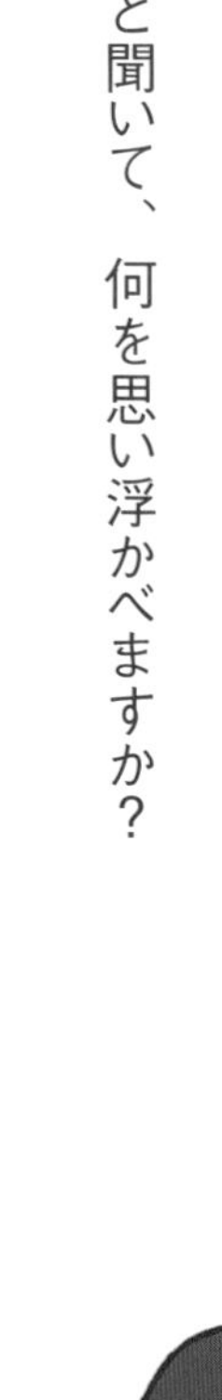

「ペットの防災」と聞いて、何を思い浮かべますか?

どんなグッズを揃えればいいのかな……と思う方がほとんどではないでしょうか。
しかし、もし災害発生時に飼い主さんが外出していれば、
家にどれだけグッズを揃えていようが、すぐには役に立ちません。
たくさんモノを用意しても、避難時にはそれほど多くのモノを持ち出せません。
鳥を抱えて飛び出すだけで精一杯のこともあります。

避難所で鳥と一緒に過ごすことを想像する人もいるかもしれません。
しかし、避難所で過ごすことだけが避難生活ではありません。
場合によっては家で避難生活を送ったり、

飼い主さんは避難所で過ごしつつ鳥は家に置き、
お世話に通うという選択肢もあるのです。

そう、実際に災害に遭ったことのない人は、防災へのイメージがしづらいのです。
ですから備えも曖昧になりがち。
モノを揃えることも確かに必要ですが、それより大事なのは
「外出時に災害に遭ったとき」「家で災害に遭ったとき」
「災害時に鳥が家から逃げてしまったとき」……、
あらゆるケースを想定しておくこと。
そしてそれに備えるためには何をしておけばいいかを考え、実行すること。

この本では、鳥と暮らす人がやっておくべき基本の防災と、
あらゆるケースを想定したハウツー、そして知っておくだけで
対処できることが大幅に広がるさまざまなアイデアをご紹介します。
これを機に、愛鳥を守るための「あなたの防災」を始めてください。

＊本書は基本的にインコやオウム、フィンチなどの鳥種を想定した内容になっています。

災害時の三大心得

心得その一

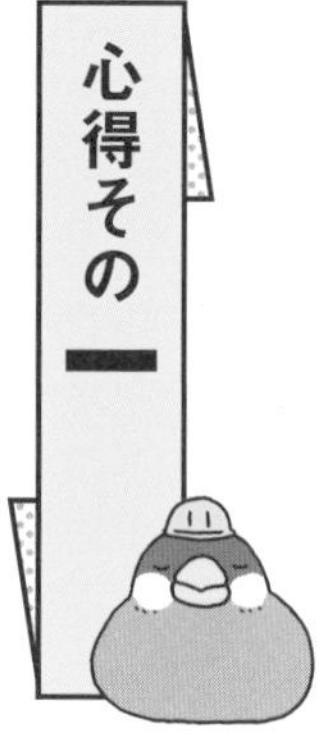

人命が最優先

愛鳥を守るためには、まず第一にあなたが助からなければなりません。あなたが助からなければ、たとえ愛鳥が生き残ったとしても、その後面倒を見てくれる人が現れるかどうかわからないのです。ですから「鳥のための防災」も大切ですが、その前に「人のための防災」ができていることが基本。地震や火災への対策、いついかなるときに避難すべきかの判断、最寄りの避難場所へのルートなど、基本的な防災の知識を得て、災害対策を行いましょう。鳥のための防災は、人のための防災のうえに成り立つのです。

また、災害時にペットを連れて同行避難するのは飼い主の原則ですが、命の危険を冒してまで遂行するべきものではありません。実際に、ペットを連れ出すために自宅に戻った飼い主が災害に巻き込まれ亡くなったなどの事例がありますが、このような悲しい事故は避けたいもの。自分の命を守ったうえで愛鳥をどうしたら守れるかを考えてください。

自分の安全をまず確保

自宅にいるときに鳥と一緒に被災したとしたら、まず自身の安全を確保してください。鳥はケージが無事なら基本的に安全ですし、放鳥中で部屋に出ていたとしても生存空間*が小さいため、人間より生き延びられる確率が高いのです。まずは自分の身を守り、落ち着いたら鳥の確認を。鳥が捕まえられず危険が迫っているときは、同行避難をあきらめ人だけ避難することも必要です。

＊生存を維持するために必要な空間

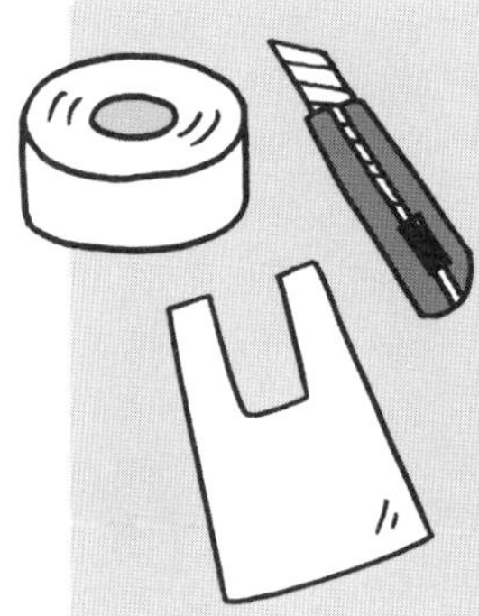

人の備えは
鳥の備えにもなる

自宅周辺のハザードマップや自宅建物の耐震性を調べる、家具の転倒防止策を行うなど、人用の備えの多くは鳥にとっても備えになります。防災の基本を知るために、防災の本を読んだりインターネットで調べてみたりすることは大切です。

行政は人命優先

災害時、行政は人命優先で動くため、ペットについてはどうしても二の次になります。また避難所では動物アレルギーのある人や動物が苦手な人もいるため、ペット可だとしてもペットは屋外やペット専用スペースに入れるのが基本。人用スペースで飼い主と同居するのは不可能なことがほとんどです。

心得その二

ペットや飼い主は〝災害弱者〟

災害時はパニックで被災者の気も立っています。「人の水もないのにペットに飲ませるのか?」そんな言葉が浴びせられることがあるのも事実です。一般に「災害弱者」とは高齢者や障がい者、乳幼児、妊婦など災害時に特に支援を必要とする人を指しますが、ペットと、ペットを守ろうとするとき飼い主もこの「災害弱者」にあたるのではないかと本書では考えます。助かるためには人の手を要するという点では、ペットは人間の赤ちゃんと同じですが、赤ちゃんは受け入れてもペットは受け入れない避難所があることなどを考えると、赤ちゃんを守るお母さんよりペットを守る飼い主さんのほうが課題は多いといえるでしょう。その自覚があれば、災害への備えもおのずと変わってくるはずです。

ペットのための防災対策は基本的に飼い主に任せられています。愛鳥を守るためには行政に頼る気持ちを捨て、あなた自身が備える必要があります。必要なモノ・コトを準備し、正しい知識を得て、愛鳥を守れる強い飼い主になりましょう。

こんな状況が想定できます

避難所に行ったら ペットは不可だといわれた

国の方針として「ペットとの同行避難」がありますが、実際の避難所の運営は各自治体や避難所責任者に委ねられています。そのため避難所によってはペット不可と決まっているところもありますし、ペット可でも状況によってはペットを受け入れられないこともあります。

人間の物資は届いても ペットの物資が届かない

最優先で運ばれるのはもちろん人用の救援物資。それもすべての避難所になかなか行き渡らないなか、ペット用の物資が手元まで届くのはいつになるかわかりません。鳥を守るためには十分な量の備蓄を。

環境の変化についていけず 鳥が体調不良を起こす

災害時のショックに続き、避難所などいつもと違う場所での生活を余儀なくされると鳥はストレスで体調を崩す恐れが。いろんな環境に慣れている、いつもと同じエサがあるなどの場合は、少しはストレスが和らぐかもしれません。

心得その三

必要な備えは家によって異なる

愛鳥を守るために何を用意すればいいのか、マニュアルがほしいと思うかもしれません。ですが残念ながら「これさえしておけばカンペキ」というマニュアルはありません。住宅も違えば、飼育している鳥の数も違う、家族構成も違うという飼い主さん全員にあてはまるマニュアルはないのです。

例えば、会社勤めでひとり暮らしの家庭では、家に人がいない時間が長いでしょうから、不在時に災害が起きた場合の鳥の安否確認の方法をしっかり考えておくべきでしょう。多頭飼いしている家庭では、すべての鳥をどうやって運ぶのかが課題です。家族がいる場合は、まず家族同士がどうやって連絡を取り合うのか、考えておくべき。家族の安否が確認できれば鳥の救助に全力を注げるでしょう。

このように、家庭によって備えておくべき事柄は変わってきます。そのため、各家庭の備えや避難の仕方はオリジナルのものになるでしょう。そのオリジナルのマニュアルを作るための基本的な考え方を、本書ではお伝えしていきます。

CASE 1

- **ひとり暮らし、会社勤め**
- **小鳥１羽**
- **マンション住まい**（新耐震基準）

新しいマンションだと耐震性が高いですが、家に誰もいないときに災害が起こることを考え、鳥の安否確認方法を考えておくべき。見守りカメラの導入や、マンションのペットクラブへの加入を。

CASE 2

- **夫婦２人、妻は専業主婦**
- **小鳥３羽**（別々のケージで飼育）
- **新築の一軒家**（新耐震基準）

夫が日中不在にしていることが多いなら、妻が1人で鳥３羽を運ぶ方法を考えておく必要があります。新耐震基準を満たした新築の一軒家は比較的耐震性が高いです。

CASE 3

- **夫婦、子ども２人の計４人家族**
- **大型の鳥１羽**
- **古い一軒家**
- **マイカーあり**

大型鳥は犬猫用のハードケージに入れて連れて行くと◎。古い木造住宅は耐震性が低いので、補強工事の検討を。自家用車があるなら非常用グッズをトランクに常備しておきましょう。

CONTENTS

第2章 災害発生！ そのときどうする

第3章 避難生活の送り方

巻末付録

第1章

備えがすべて

同行避難の方法

基本はケージごと運ぶ

背負子（しょいこ）が便利

避難の際は安全のため両手はなるべくフリーにしておくのが大切。背中にケージを背負えるよう、背負子を用意しておくと◎。

ケージは段ボールや新聞紙で覆う

防寒のため、また周りの注目を集めて鳥が騒いだりしないように、ケージの周りを覆います。

1人で運べるのは10kgくらいまで

女性は最大10kg、男性は15kgまでが安全に運べる重量とされています。必要なモノを一度にすべて運ぶことは不可能。安全のために持ち出すモノを取捨選択する必要があります。

本書では同行避難の際、鳥をケージごと運ぶことを推奨します。小さいキャリーで運ぶほうが簡単ですが、避難生活が長期化するとキャリーの中だけでお世話するのは難しく、余震などの衝撃に耐えるには強度に不安があるためです。小型の鳥はもちろん、全長35㎝くらいまでの鳥であればケージごと運び出すことを考えましょう。小さいキャリーで鳥を運ぶ場合は、安全が確認でき次第ケージを取りに戻ります。ただ、再度自宅に戻れるとは限りません（16ページ下参照）。

POINT

一番大切なのは当然ながら自分と家族と鳥の命。安全に同行避難するためのグッズとプランから考えよう。

水をこぼさない工夫

水入れを入れたまま運ぶと中で鳥がびしょ濡れに。2〜3時間なら水入れはなくてOK。それ以上かかるときは野菜で水分をとらせると◎。

止まり木は固定できるもの

金網に挟まっているだけの止まり木では、移動中に外れてしまいます。ネジで留める止まり木に替えておくか、移動中は止まり木を外してもOK。

エサ入れを外す

エサ入れが外れるとケガの原因に。エサは底にばらまいておくか、エサ入れをテープで底に固定します。

扉や底のトレーを固定

カギのない扉は針金（ワイヤータイ）や結束バンドで固定。ナスカンでもよいですが移動中の音がうるさいのが難点。トレーはガムテープで固定します。

フン切り網やおもちゃは外す

外れるとケガの原因になりますし、網があると底に落ちたエサが食べられません。

＊扉を固定する針金や結束バンドを鳥がかじってしまう場合はナスカンでロックし、ナスカンが動かないようテープで固定するとうるさくありません。

同じケージを２つ用意しておくと◎

避難が決まってから上記の準備をしてもよいですが、あらかじめ避難仕様にしておいたケージを別に用意しておき、そこへ鳥を移動させると時短になります。同じケージなら鳥も落ち着いて過ごせます。普段はケージを洗うときに鳥を入れる予備ケージとして使用すると◎。

複数の鳥を運ぶ

鳥かごをいくつも運ぶのは大変。相性がよければ同じケージに入れる、相性が悪ければ仕切りで分けて、運べる数まで減らしましょう。あらかじめ相性を考えシミュレーションしておくと◎。

段ボールなどで仕切りを作る

扉が３つあるケージなら 最大３つに仕切れます。段ボールやプラスチック段ボールをケージに合わせてカットし、ケージの横網部分に切り込みを入れてはめこみます。あらかじめ作っておくと◎。

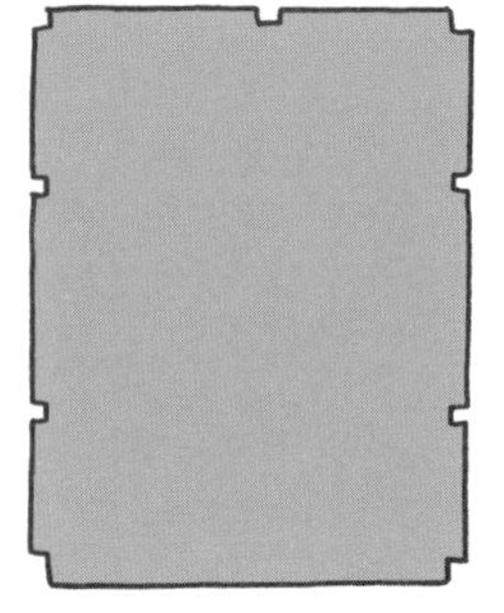

短い止まり木

スペースに合わせて止まり木を短くカット。なければ割り箸や菜箸をカットしたものでもOK。

エサ入れや水入れを各スペースに

小さいスペースに入れられるよう小さい容器を用意します。

Q 小さいケースで連れて行くのはNG？

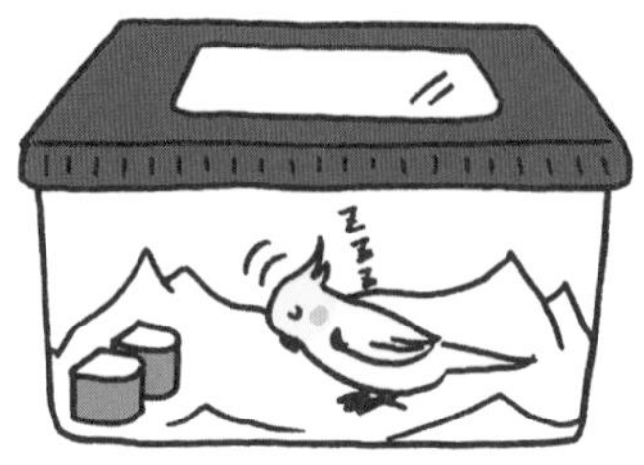

A 飼い鳥が多いなどの理由でケージごと運ぶのが難しい場合は、もちろん小さいケースで運んでかまいません。とにかく連れ出すことが最優先です。いったん小さいケースで同行避難した後、安全が確認できたらケージを取りに戻れるとよいでしょう。小さいケースで避難生活を送る場合、放鳥できず運動不足になるのが心配ですが、鳥は運動不足による筋力低下は哺乳類ほど起こらないと考えられています。入院でずっと飛べなかった鳥でもすぐに飛べるようになることがほとんどです。

大型鳥を運ぶ

大型の鳥でケージも大型の場合は、さすがにケージごと運ぶのは無理。
犬猫用のキャリーケースで運び出します。丈夫なバリケンネルなどのハードキャリーがおすすめです。

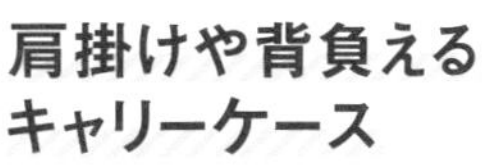

肩掛けや背負えるキャリーケース

両手はなるべくフリーにしておくためショルダーベルトを付けたり、背負えるキャリーにします。背負子で運んでもよいでしょう。

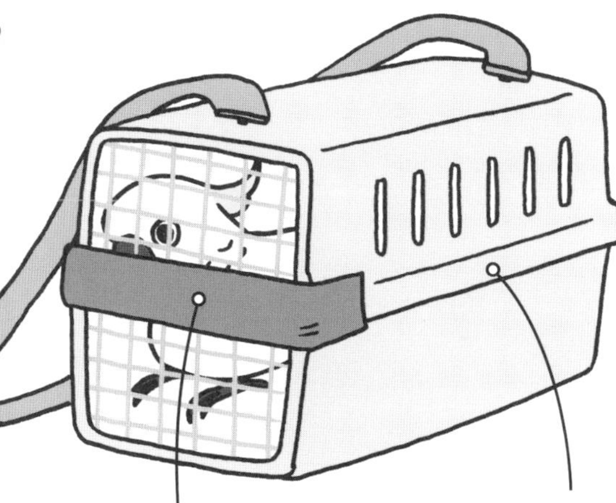

外から見えないように覆う

透明なキャリーも市販されていますが、人々の注目を集めた鳥が騒いだりする恐れが。大判の布で包む、新聞紙で巻くなどして覆いましょう。扉の格子部分も同様です。

扉などをガムテープで補強

扉のロックを鳥がイタズラで開けてしまい脱走、キャリーを落とした衝撃でパーツが外れ脱走、などという事態を防ぐためにガムテープで補強します。

折り畳みケージを用意しておく

大型鳥用の重たいケージは運搬には不向き。自宅以外で避難生活を送るときのために、プラスチック製の軽いケージを、運び出しやすい屋外の倉庫などに用意しておくと◎。猫用の背の高いケージも使えます。

大型鳥やパニックになりやすい鳥はクリッピングしても

大型鳥は尾羽などの長い羽根をクリッピングして小さめのケージやキャリーで運ぶ手もあります。またオカメインコなどパニックになりやすい鳥は、ケージ内で暴れているうちに羽根が金網に挟まって出血したりするので、あらかじめ短く切っておくとケガを減らせます。クリッピングにストレスを感じる鳥もいますが、非常時は避難が最優先。羽根はまた生えてきます。

モノの備え1 命に関わるエサと薬

① いつもの主食

「ローリングストック法」でたくさん用意

非常用として別に用意しておくと、気づかないうちに賞味期限が過ぎて無駄にしがち。多めにストックしながら普段の生活で消費するのが「ローリングストック」という備蓄法です。傷まないように密閉容器に入れ、乾燥剤も入れておきます。

いろんなエサに慣らしておく

いざというとき救援物資のエサを食べられるよう、いろんな味に慣らしておくのも災害対策のひとつ。エサ入れに入れただけでは食べない鳥も、飼い主さんが与えれば食べることがあります。

避難所生活ではむき餌が◎

むき餌は可食部が多く殻の飛び散りがないのが利点。特に他の人への気遣いが必要な避難所では便利です。

災害時に優先して配給されるのは当然、人間用の物資です。ペット用の物資の到着は時間がかかりますし、過去の大規模災害では半年以上ペットの救援物資が届かなかった例もあります。以前は「食糧備蓄は3日分」が定説でしたが、現代では命に関わるフードはなるべく多く備蓄しておくのが正解です。家にたくさん備蓄しておくほか、はじめに持ち出す非常用袋の中にも必ず入れておきましょう。持病の薬がある場合も同様。多めに処方してもらい、ストックを非常用袋の中に入れて。

POINT

せっかく避難できても、食べ物がなくては弱ってしまう。鳥のエサと持病の薬は最初に持ち出そう。

② 愛鳥の好物

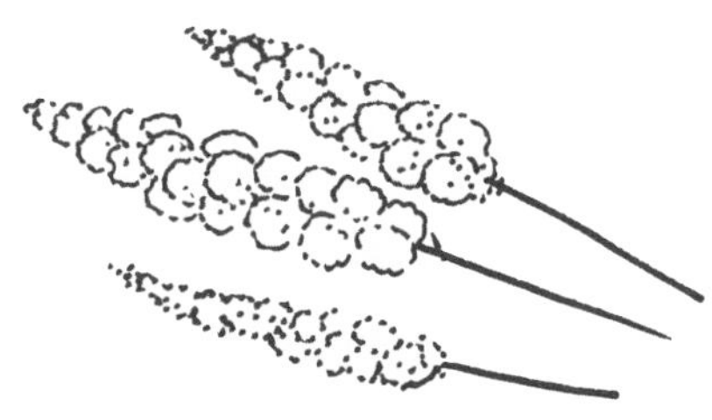

環境の変化にストレスを感じた鳥が食欲不振になることも。鳥の好物は災害時、強い味方になります。

③ 持病の薬

持病の薬を与えている場合は多めにストック。被災時にかかりつけ以外の動物病院でも処方してもらえるよう、薬品名や用量をメモしておいて。

④ サプリメント

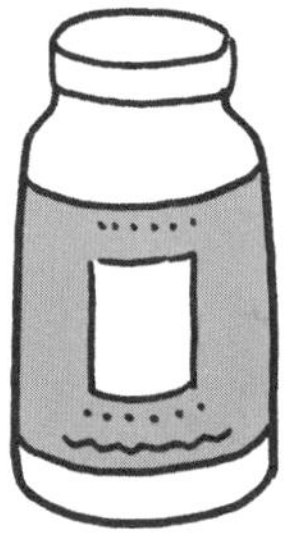

災害時は野菜類が不足しますし日光浴によるビタミンD生成ができないことも。総合栄養食のペレットを主食にしている鳥でも、ビタミン・ミネラル補給用のサプリを用意しておきましょう。

⑤ 乾燥野菜

野菜不足を補う食品として。そのまま与えるか、粉状にして主食にふりかけます。人用の食品を用意しておけば共用できます。

猛禽類は加熱したチキンを食べ慣れさせておく

冷凍マウスやヒヨコしか食べたことのない猛禽類は災害時の食事に困るかもしれません。停電になってもポータブル電源などで冷凍し続けるか、災害時は缶詰の鶏肉（食塩不使用）や猫用缶詰を与えることを想定し、普段から食べ慣れさせておくなどの対策を。

➡ P.88 エサがないときの非常食
➡ P.90 鳥のための家庭菜園

モノの備え 2

鳥の身元表示を考える

地震で窓が開いて鳥が逃げてしまうなど、**災害時には鳥が迷子になるリスクが上がります。**もちろん迷子にさせないのが一番ですが、万一逃げてしまったときのために身元表示があると安心です。

迷子になったときの捜索には**鳥の特徴がわかる写真も必須。**さらに鳥が誰かに保護されて引き取る際には、「私が確かにこの鳥の飼い主である」証拠が必要です。そのためにあなたと鳥が一緒に写っている写真も撮っておきましょう。いずれもプリント写真だけでなくスマホにデータを残しておいて。

POINT

災害時には鳥の脱走リスクも上がる。身元表示があれば迷子になっても見つけられる可能性が高まる。

なるほど〜

マイクロチップを入れる

現在のところ大型鳥や希少種にしか使用されていませんが、鳥にもマイクロチップを入れることができます。直径約2㎜、長さ10㎜ほどのチップを頸部皮下か左胸筋内に挿入します。リーダーで数字を読み取りセンターで照合すると飼い主情報がわかります。

足環を付ける

足環が付いているなら、色や表記されている文字が手がかりのひとつになります。記録のため写真を撮っておいて。ほかに防水仕様のお名前シールを足に巻き簡易的な足環を作るのも◎。避難生活が決まったときに付けてもよいでしょう。

非常用袋に入れておくモノ

あなたと愛鳥が一緒に写っている写真

動物愛護センターなどに鳥が保護されてあなたが引き取りに行ったとき、あなたが飼い主である証拠がないと鳥を渡してくれないことも。一緒に写った写真があればわかりやすいです。

愛鳥の写真

鳥が迷子になった際には特徴がわかる写真が必要。インターネットで迷い鳥情報を投稿できるよう、スマホにも写真データを入れておきます。

愛鳥の健康手帳

動物病院やボランティアさんに鳥をあずけることも考えられます。鳥の健康状態や病歴、お世話の仕方などがわかるデータをまとめておくと便利です。

➡ P.110 書き込み式　愛鳥の健康手帳

迷い鳥チラシをあらかじめ作っておく

迷子捜索はスピード命。ですが災害時は自宅のパソコンやプリンターが使えないことも考えられます。あらかじめ作ってプリントしておくのが◎。作ったデータはスマホやGoogleドライブなどに保存しておいて。

➡ P.96 迷子になってしまったら

プリント写真や健康手帳のノートが持ち出せなかったとしても、スマホにデータを残しておけばコンビニなどでプリントすることができます。

モノの備え 3

人と共有できる便利グッズ

カッター

段ボールの細工に必須。鳥かごカバーを作ったり、食材を切るのにも使えます。丈夫な大振りのものが◎。

布テープ・ガムテープ

段ボールの細工に必須。布テープを貼り油性ペンでメッセージを書けばどこでも即席伝言板に。ぎゅっとつぶせばかさばりません。

新聞紙

鳥かご底の敷き紙として使えば掃除が楽に。水が貴重な状況ではトレーをその都度洗えません。人の体に巻けば防寒グッズとしても使えます。

油性ペン

布テープや段ボールに文字を書くために必要。太めのものを用意して。

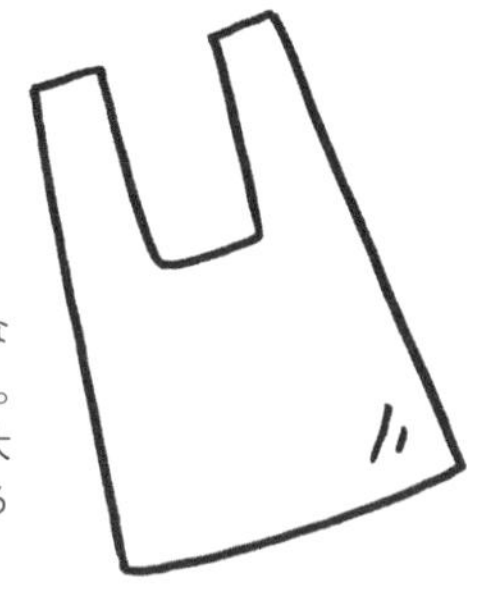

ポリ袋

排泄物処理のほか、水を入れて運ぶ、鍋などを汚さず調理するなどさまざまな用途が。小さめのレジ袋から大きめのゴミ袋まで大小あると◎。ファスナー付きポリ袋もあると鳥の糞など臭うモノの処理に便利。

人用のグッズ、鳥用のグッズと分けなくとも、共有で使えるグッズがあります。こうしたグッズははじめに持ち出す非常用袋に揃えておくのがおすすめ。それぞれ複数の用途に使えるので、あらかじめどんな用途に使えるのか調べておくとよいでしょう。例えば新聞紙は寒いときは靴下の上から巻いたり、骨折部分に厚めに巻いて添え木代わりにも。鳥のケージを覆ったり、ケージ底に敷いて掃除に使ったりもできます。モノが手に入らないなかで身を助けるのは、あなたの知恵なのです。

POINT

ここで紹介するのは人にも鳥にも大活躍するモノたち。はじめに持ち出す非常用袋にぜひ入れておこう。

瞬間冷却剤

夏場の停電中、暑さをしのぐために必須。叩くとしばらくの間冷たさが持続します。持続時間がなるべく長いものを選んで。

➡ P.94 停電時の暑さ対策

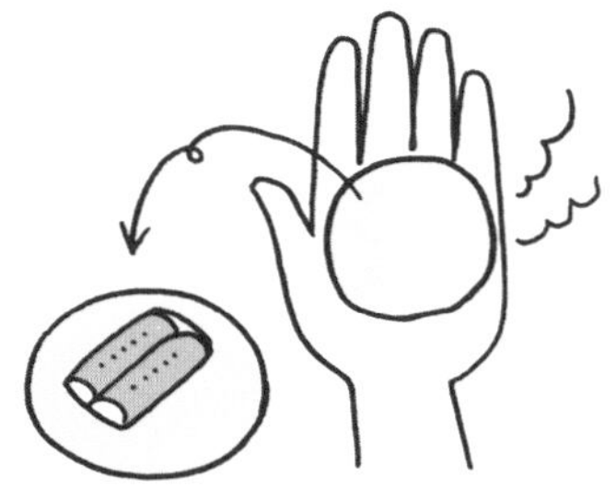

カイロ

冬場、電気が使えないときの必需品。寒さで落鳥しないよう揃えておいて。使い捨てカイロのほか、乾電池式のカイロもおすすめ。

➡ P.93 停電時の保温の仕方

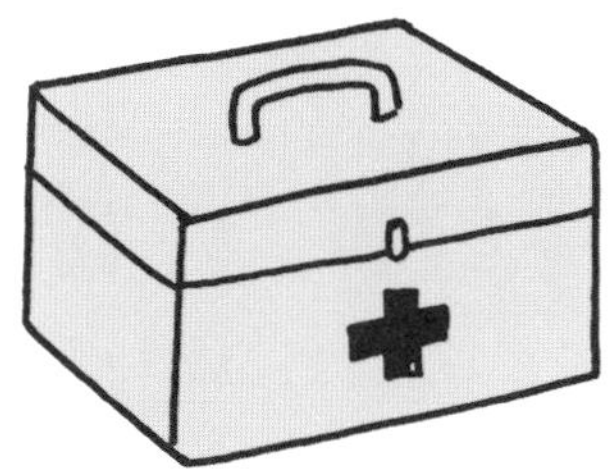

救急セット

鳥用にはガーゼや綿棒、クイックストップ（動物用止血剤）などがあると◎。人用の薬を鳥に使うのは危険なのでやめて。

➡ P.62 鳥の応急処置

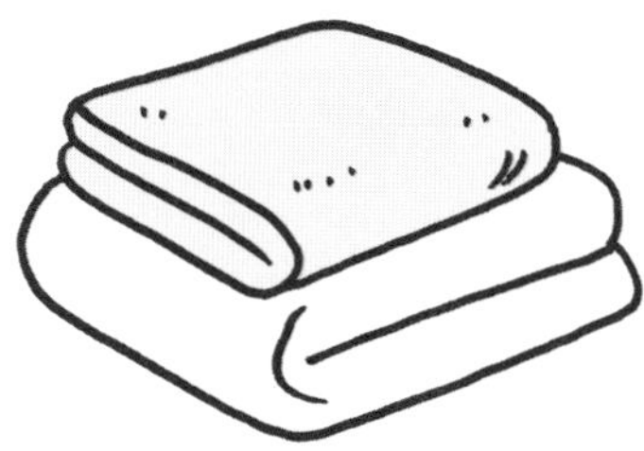

タオルや毛布

大判の布で鳥かごを覆えば鳥が落ち着くことができます。人が暖をとったり止血などの救急用にも使えます。

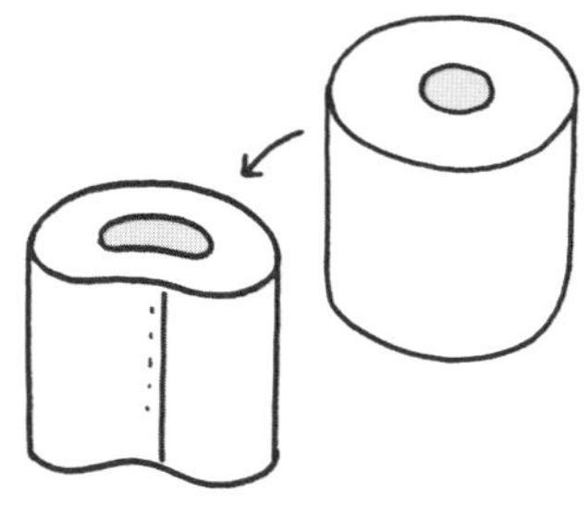

トイレットペーパー

巻きの多いものを備蓄しておきましょう。非常用袋に入れるときは芯を抜いて平たくつぶし、濡れないようファスナー付きポリ袋に入れると◎。

飲み水

鳥にもあげられるよう軟水を用意すると◎。大きな容器より500mlペットボトルをたくさん用意したほうが開封後の傷みを防げます。

モノの備え 4

モノの優先順位と保管場所

《 一軒家の例 》

上層階

1階より倒壊や浸水のリスクが少ない。ただし屋根裏は高温になりやすいため食料の保管には不向き。

屋外の倉庫

取り出しやすい場所なので備蓄品の保管に◎。ただし温度変化が大きいため食料の保管には不向き。

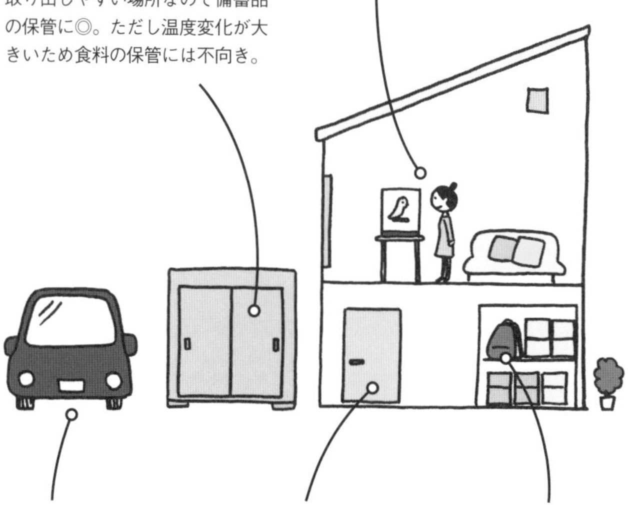

自家用車内

車で避難できるときには便利。ドライブ中に被災することも考え、非常用袋を作りトランクに入れておこう。

玄関の中

避難経路の確保のため、モノを置きすぎないよう注意。靴箱の隅に入れる、壁にフックでぶら下げるなど工夫を。

屋内の収納

備蓄品と一緒に1次の非常用袋を入れておいても。奥にしまい込んでいざというときに取り出せない、なんてことがないよう注意。

災害時に必要なモノすべてを一度に持ち出すことはできません。運び出せる重さは女性の場合10kg以内。もちろん愛鳥を第一に運び出さなくてはなりませんから、その分持ち出せるモノは減ります。差し当たって必要なモノを厳選して、最初に持ち出す1次の非常用袋に入れて。その他の備蓄品は2次の品として、安全が確認できたら運び出します。

備蓄品や非常用品は一か所だけでなく家のあちこちに分散して置くと◎。保管場所が潰れて取り出せなくなるリスクを減らしま

POINT

非常用品や備蓄品をどこに収納しておくかも考えるべきポイント。いざというとき取り出せないと意味がない。

《 マンションの例 》

☑ 屋上

高層マンション火災で下層階への避難が困難な場合、屋上で救助ヘリを待つことも。津波などの災害時に避難スペースとして一般に開放することもあります。

☑ エレベーターの中

地震でエレベーターが停止したとき用の防災キャビネットがあるかチェック。

☑ エントランスなどの共用部分

地下は浸水等の危険があるためその他の共用部分に備蓄品を置けると安心。帰宅困難者の受け入れをする場合も。

✕ ベランダ

マンションのベランダは共用部分のため物置や荷物を置くことは禁止。避難通路や避難ハッチ利用の妨げになります。

○ 自室

非常用品は自室に置くのが基本。しかし高層階の場合、エレベーターが使用できないと荷物の取り出しが大変です。

○ 共有備蓄倉庫

住人のために共有の防災備蓄倉庫を備えるマンションも。「飼い主の会」を作りペット用の備蓄品も置いてもらえるようお願いすると◎。

0次の備え	1次の備え	2次の備え
普段の持ち物	非常時に最初に持ち出すもの	避難が長期化したときの備蓄品

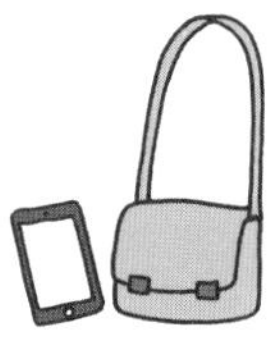

<

<

1次の備え（非常持ち出し品）は安全に運べる重量内で用意。
2次の備え（備蓄品）はたっぷりあると◎。

す。温度変化の少ない室内には食品、屋外の倉庫には新聞紙やガムテープを収納するなど、モノに合わせて保管場所を選んで。

室内の備え 1
家の中の安全対策

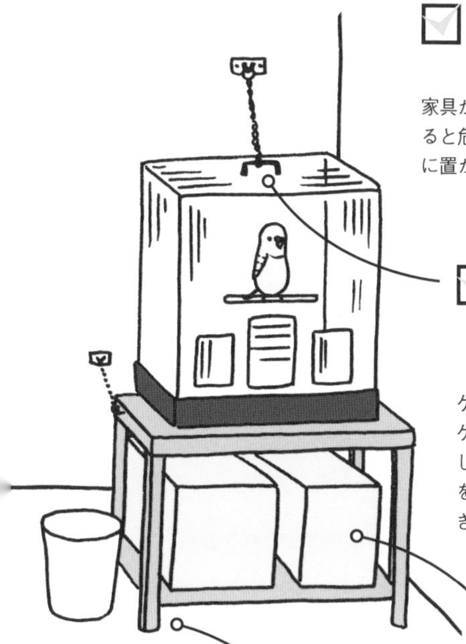

ケージの周りに背の高い家具を置かない

家具がケージの上に倒れたら大変。落ちると危険な花瓶や陶器の置物などもそばに置かないで。

チェーンやジェルマットでケージを固定

ケージの下にジェルマットを敷く、ケージと壁をチェーンでつなぐなどして落下を防ぎます。チェーンの端をナスカンにしておけば取り外しできます。

ケージを置く台は低めにし、台も固定

高い場所から落下すると衝撃が強いのでケージの置き場所は低めに。台も壁とチェーンでつなぐなどして固定します。

お世話グッズをひとまとめに

エサや掃除用具など普段のお世話グッズを箱や袋の中にひとまとめにしておけば持ち出しやすい。

家中すべての家具を固定するのが基本。少なくとも鳥のケージを置いてある部屋と、そこから玄関までの避難経路だけはすべての家具を固定し安全を確保しておきましょう。家具の中のモノが飛び出さないようにすることも大切。棚から飛び出た本や食器も凶器になります。棚の扉には耐震ラッチを付けるなどして防いで。ケージの周りには背の高い家具を置かない、高い場所には重いモノを置かない、不要なモノはなるべく減らしてスッキリ暮らすなども対策になります。

POINT

地震の負傷者の3～5割は家具の転倒・落下が原因。倒れる家具や飛び出すモノでケガしないよう固定を。

窓ガラスに飛散防止フィルム

窓ガラスが割れると破片が凶器になりますし、鳥が脱走する恐れも。食器棚など家具のガラスにも貼りましょう。

家電を固定

テレビや電子レンジは震度6くらいで吹っ飛び凶器になります。大型家電になるほど被害も甚大。必ず固定を。

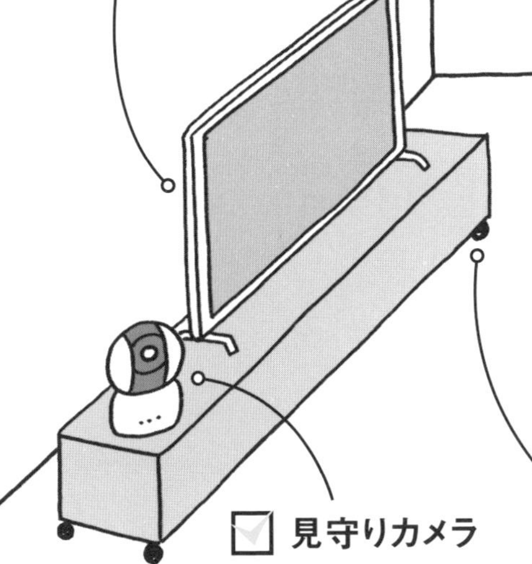

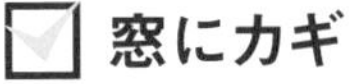

窓にカギ

地震の揺れで窓が勝手に開いてしまうことも。必ずカギをかけて。

昼間もレースカーテン

窓ガラスが割れたとしてもカーテン1枚あれば破片の散乱や鳥の脱走リスクを減らせます。レースなら日光も取り入れられます。

見守りカメラ

外出中に発災したときのために、鳥かごを確認できるカメラがあると◎。もちろんカメラも固定して。

キャスターはロック

キャスター付き家具はロックしないままだと転がってしまいます。ケージにぶつかる恐れも。

ペットレスキューステッカーのメリット&デメリット

玄関の外に貼るペットレスキューステッカー。災害などの緊急時、「家の中のペットを救助して」というメッセージです。メリットはあなたが帰宅できないとき、善意の第三者が鳥を救出してくれるかもしれないこと。デメリットは空き巣が侵入する口実を作ってしまったり、連れ出された鳥と再会できなくなる恐れがあること。使用はメリットとデメリットをよく考えて。

室内の備え 2

ケージの安全対策

止まり木を固定

金網に挟まっているだけの止まり木は同行避難時に外れてしまいます。

名札を付けておく

あらかじめ名札を付けておけば避難生活のときに便利です。

➡ P.80 避難所でのお世話のコツ

扉にカギ

地震でケージが落ち扉が開いて鳥が逃げてしまった、ということがないようケージの扉にはカギを。

フン切り網は外す

網がなければ下に落ちたエサを食べることができます。飼い主さんがすぐに帰宅できないときの備えです。

エサ入れ・水入れは陶器よりプラスチック

ケージが落下したとき陶器だと割れて危険。プラスチック製の容器をケージに固定しておくと◎。

たとえ地震でケージが落下してしまったとしても、それによって鳥が命を落とすことは少ないと考えられます。ですが扉が開いて鳥が逃げてしまったり、陶器製のエサ入れが割れてケガしたりすると大変。災害時に危険の少ないケージにしておきましょう。

外出中に被災してすぐに帰宅できない場合を考えると、エサはたっぷり入れておいたほうが◎。ただ、あるだけ食べてしまう鳥は肥満のリスクがあります。遠方に外出するときだけはたっぷり入れておくなどメリハリを付けて。

POINT

地震が起きても鳥がケガしないようにケージに安全対策を。すぐに同行避難できるようにしておくとなおよい。

パニックになりやすい鳥は

ケージ内はシンプルに

必要最低限のグッズだけ入れ、おもちゃなどはなくして極力シンプルに。パニックになった鳥がぶつかったり絡まったりする危険を減らします。

夜はプラケースに入れる

夜は鳥は眠るだけなので、プラケースに入れて寝かせてもOK。羽根が金網の間に挟まってケガするリスクを減らせます。パニックが頻繁に起こる場合は一日中プラケースのほうがよい場合も。また、そういった鳥は同行避難の際もプラケースで運んだほうがよいでしょう。

常夜灯で真っ暗闇にしない

鳥のパニックは暗闇で発生率が高まるため、夜間も常夜灯を点けて真っ暗闇にしないようにします。

てんかんなど他の病気をパニックと思い込んでいることも。症状が出たときを動画に撮り、それを獣医師に見てもらうなどして診断してもらいましょう。

パニックになりやすい鳥のケージは広いほうがいいの?

A 安全面でいえば狭いほうが安全です。広ければその分助走距離が長く、ぶつかったときに衝撃が強くなるからです。ただ個体によっては、狭い金網ケージだと羽根が挟まりやすく危険なことも。ケースバイケースなので鳥の癖や性格に合わせて。

パニックになりやすいのはオカメインコのルチノー

「オカメパニック」という言葉があるほど、オカメインコはパニックを起こしやすいことが知られています。特にルチノーカラーのオカメインコはパニックが多発。赤目で視力が悪いことが関係しているのかもしれません。

鳥の感染症知識を得る

① 「オウム病」の陰性証明を取る

定期健診の際、オウム病の感染についても調べておきましょう。便や血液によるPCR検査を行います。日本の飼い鳥の陽性率は約10%で、最も多いのはボウシインコ、次にセキセイインコ、オカメインコ、ラブバード。フィンチやヨウムの陽性率は平均以下です。検査結果は鳥の健康手帳と共に保管しておきましょう。

出典:『コンパニオンバードの病気百科』誠文堂新光社

オウム病とは

鳥から人にうつる可能性のある感染症。感染鳥の糞便には病原体であるオウム病クラミジアが含まれ、粉塵化した糞便を人が吸い込んだり、鳥とキスするなどの濃厚接触、咬傷などでうつります。健常者が感染することはまれと考えられますが、発症すると高熱や咳などの症状が出ます。保健所に届け出が必要な４類感染症です。

避難所で避難生活を送ることになった場合は、動物が苦手な人とも生活を共にすることになります。鳥インフルエンザで養鶏が殺処分されたというニュースがたびたび流れる影響もあり、「鳥＝病原体」という悪いイメージをもっている人もいるかもしれません。その際、愛鳥から人に感染するリスクは低いことを説明できるよう、感染症の知識をもっておきましょう。陰性証明をとっておくのも対策のひとつです。口頭での説明が苦手なら鳥から人にうつる感染症の説明を鳥の健康手帳と一

POINT

鳥から人にうつる病気が原因で、避難所に入れない事態を避けるため、正確な知識を得ておこう。

②「鳥インフルエンザ」の知識を得る

鳥インフルエンザはいくつも種類があり、ほとんどが人間には無害。ただし、養鶏所など鳥が高密度な場所で急速に感染をくり返すうちに強毒化した「高病原性鳥インフルエンザ」ウイルスには注意が必要です。野鳥もこのウイルスをもっている可能性がありますが、飼い鳥が野鳥と接触していない限りうつることはありません。室内飼いが予防になります。

避難所では動物の居場所が屋外になる恐れも。野鳥と接触しないように段ボールや布でケージを覆いましょう。

高病原性鳥インフルエンザとは

鳥インフルエンザのうち、感染鳥の致死率が高いもの。感染が疑われる鳥は殺処分が義務付けられています。感染鳥との濃厚接触等で人にもまれにうつります。発症すると高熱や咳などの症状が出て死亡することもあります。2022年までに日本で発症した人は確認されていません。

③「寄生虫」の知識を得る

ダニや回虫が鳥に寄生することはありますが、それが人にうつることは基本的にありません。親鳥から寄生虫がうつっていることがあるので、鳥をお迎えしたときは動物病院で検便や駆虫をしておきましょう。また避難所では他の鳥やペットとは接触させないことで感染を防ぎます。

④「鳥アレルギー」の知識を得る

動物アレルギーで最も多いのは猫アレルギーといわれます。鳥のアレルギーはそれほど多くないようですが、アレルゲンとなる羽毛や糞を散らさないよう、ケージは段ボール等で囲い、掃除に努める必要があります。

鳥を守るためにも過剰な接触は避けよう

ここで紹介した以外にも鳥から人にうつる感染症はあります。飼い主さんが愛鳥から病気をもらってしまうと鳥が悪者になってしまいますし、周囲の人の鳥への恐怖感も高まります。感染を避けるためには鳥とキスするなどの濃厚接触をやめ、お世話の後は必ず手洗いを。掃除のときは念のためマスクをすると安心です。

緒に保管し、それを見てもらうのもよいでしょう。

鳥に関する専門知識は、避難所の管理者も役所の人間ももっていません。飼い主のあなたがきちんと説明できるよう準備しておく必要があります。

近くの避難場所を知る

最初に行くのは避難所ではない

避難所は被災後に避難生活を送る場所で、
緊急時に最初に行くべき場所ではありません。
＊避難の流れや場所の名称は市区町村によって異なるので調べてみましょう。

《 避難の必要がある 》

なるほど〜

一時集合場所（いっときしゅうごうばしょ）

近所の人たちが集まって様子を見る場所。公園や学校のグラウンドなど身近な集合場所。

火災等の危険があり一時集合場所が危ないときは…

避難場所

延焼火災などの危険が少ない、大規模公園や広場などのオープンスペース。

自宅に被害があり生活できないときは…

避難所

地震などにより住宅が倒壊するなどして、行き場がなくなった人が一時的に生活する場所。

避難する場合、最初に向かうのは「避難所」と思いがちです。避難所は行き場がなくなった人が一時的に生活する場所で、開設されるまでに多少時間がかかります。最初に向かうべきは「一時集合場所」または「避難場所」です。近くの避難場所を調べておきましょう。

　また、水の災害のときに川沿いや海沿いの避難場所は当然危険なので、災害の種類によっても向かうべき行き先が違ってきます。最寄りの避難所がどの災害に適しているか調べてみましょう。

POINT

最初に行くのは一時集合場所か避難場所。どの災害ではどこに避難するか、あらかじめ家族で決めておこう。

災害の種類によって避難先も変わる

右の表示は、この避難場所は洪水や津波、土石流などの災害時には適しているが、大規模な火事には適していないことを表しています。このような表示を各避難場所に設けることが推奨されているので、最寄りの避難場所について調べてみましょう。水の災害のときはAの場所、地震のときはBの場所など、あらかじめ決めておくことで慌てずに済みます。

画像出典：(一社)日本標識工業会
「災害種別避難誘導標識システム防災標識ガイドブック」

家族の集合場所を決めておこう

家族が別々の場所で被災することを想定し、集合する避難場所をあらかじめ決めておきましょう。避難場所が人でごった返していることも考え、「○○公園の公衆電話のそば」など、細かく決めておくと◎。災害時は電話が使えないことも多いのでこうした決め事が必要です。当日に会えないこともありますが、その場所でずっと待っているのも大変なので、「AM10時とPM4時に待ち合わせ」など時間も決めておくとよいでしょう。

Check しよう!

ハザードマップを見てみよう

国土交通省のハザードマップポータルサイトを見たことはありますか？自宅の浸水深など各災害リスクをピンポイントで調べることができます。自宅が地震に弱いのか、水の災害に弱いのかで備えも違ってくるでしょう。各自治体が作成しているハザードマップもあります。

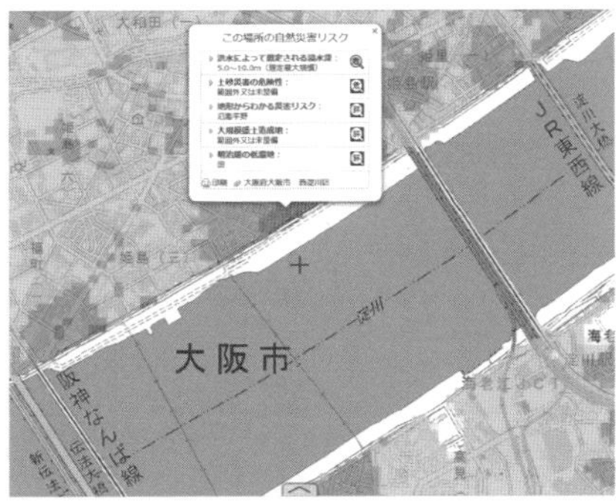

URL　https://disaportal.gsi.go.jp/
地図出典：国土地理院ウェブサイト

避難所以外の避難先を想定する

CASE❶

ペット可のペンションに予備避難

鳥と一緒に泊まれるペンションで台風等が過ぎ去るのを待ちます。多少費用はかかりますが快適に過ごせるはず。自治体によっては風水害時に宿泊施設に避難する際の宿泊費を助成してくれるところもあります。

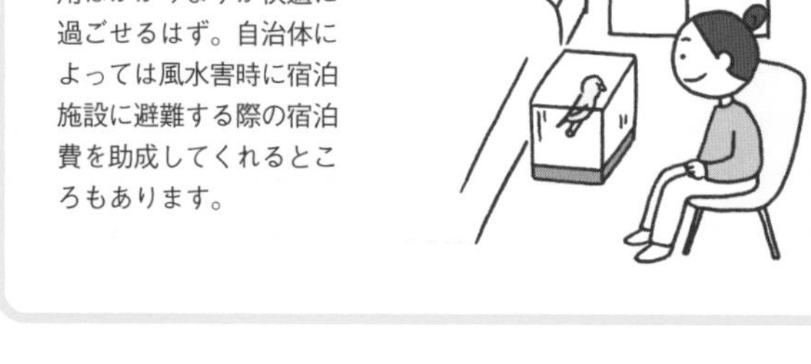

CASE❷

友人の家に予備避難

浸水等の危険がない友人宅に避難して台風等をやり過ごすこともできます。人は無理でも鳥だけならあずかってくれる場合もあるでしょう。いきなり相談しても難しいので、平時に友人と話し合っておきましょう。

2019年に発生した新型コロナウイルスの影響で、避難所に多くの人が集まるのは極力避けたほうがいいとされています。ソーシャルディスタンスを保ち感染を避けるために、避難所に入れる人数も以前より少なく設定されているのです。つまり、避難所に行くのは最後の手段。在宅避難を基本とし、それができないときは親戚や友人宅に身を寄せるなど、避難所以外の避難先をあらかじめ用意しておきましょう。平時に仲のよい鳥友と「非常時は相手の鳥をあずかる」という約束をしておく

POINT

避難所で生活するのは最後の手段。親戚宅や鳥友の家など、他に身を寄せられる場所を想定しておこう。

のもおすすめです。

突発的に起こる地震や火事と違い、事前に予想できる台風や大雨等は、危険になる前に避難する「予備避難」が行えます。その際の避難先は例えば、「台風のルートに入っていないペット可のペンションで過ごす」など柔軟に対応したいものです。

水の災害は足首の深さになる前に避難する

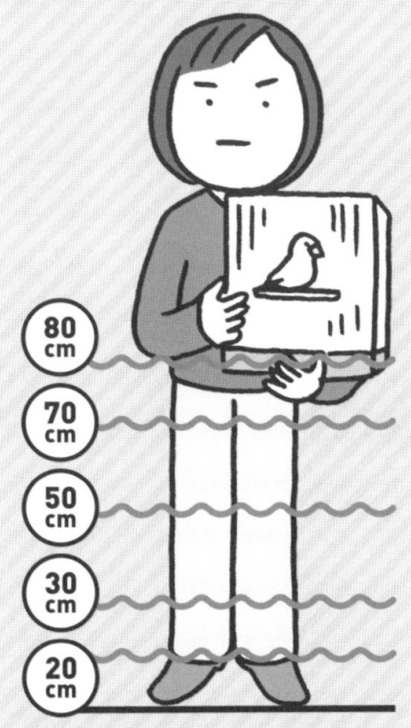

80cm … 水が腰まで来たら歩くのは危険！
70cm … 男性でも歩くのが難しくなる
50cm … 女性は歩くのが難しくなる
30cm … 外開きドアが開かなくなる
車はエンジン停止する危険
20cm … 子どもは外開きドアを開けられない
車はブレーキ性能が低下

水害は早めの避難が基本。足首以上に冠水した道路を歩くのは危険とされています。避難が遅れた場合は垂直避難（自宅や隣接建物の高い階に移動）してやり過ごす方法もありますが、２階以上の浸水も起こり得ます。気象情報に注意し、警報が出たら避難を決断するなど、早めの避難を心がけましょう。特に夜間の避難は危険なので、夜間に大雨や台風の接近が予想されているときは暗くなる前に予備避難を。

➡ P.37 道路冠水時の歩き方

立体駐車場に車で予備避難

自宅に浸水の危険があるときは、トイレがある24時間営業の立体駐車場で過ごすのも手。店舗併設の駐車場なら必要なモノを買うこともできます。車中泊用のグッズを揃えておき、自宅には浸水を防ぐ土のうなどの対策を施しておきます。

➡ P.84 車やテントで過ごす

避難訓練で実感を得る

一度でも鳥の同行避難を想定した避難訓練をしてみると、新たな気づきがいろいろとあるものです。それによって備えるモノやコトも変わってくるでしょう。町内会やマンションでも合同避難訓練が行われていますが、予定が合わなければ単独でやってみてもＯＫ。鳥を実際に連れ出すのは脱走のリスクがあるので、ケージや非常用袋だけを持って歩いてみましょう。マンション高層階に住んでいる人は、エレベーターを使わず階段で下りるのがどれだけ大変か実感するのではないでしょうか。

避難訓練でわかることの例

荷物が重すぎる！

持ち出すモノを減らす必要が

避難場所までの距離を安全に運ぶことのできる重量はどれくらいか実感できるはず。持ち出し品を減らすなど対策を練って。

高層階で、階段を下りるのが大変！

マンション共有の倉庫に、備蓄品を置く提案をしよう

マンション住人は地上からアクセスしやすい場所に非常用グッズを置く提案を管理組合にしてみては。マンションのペットクラブに加入し、ペット用の備蓄品を置く提案をするのもおすすめ。

➡ P.77 マンションの住人は避難所に入れない？

ケージを背負子に固定するのに手間取った

練習して慣れておこう

背負子を用意していても固定の仕方などは練習しないと手間取るもの。固定用のゴムバンドなど、あるとよさそうなものも思いつくはず。

POINT

避難訓練してみると多くの気づきが得られる。近くの避難場所までの安全な道も確認しておきたい。

災害時に避けたい道

⚠ 高圧電線のそば

切れた電線に触ると命の危険があります。
台風や地震で鉄塔自体が倒れることも。

⚠ 下り坂、くぼ地

大雨のときは冠水する危険があります。
崖は土砂崩れの危険があります。

⚠ ブロック塀やレンガ塀に囲まれた道

塀が倒れる危険が。建築基準法違反で安全性に問題のある塀も存在しているようです。

⚠ 狭い路地

建物が倒れて道が塞がれたり、逃げ場がなくケガをする危険があります。阪神・淡路大震災では幅4m未満の道の7割以上が通行不可能となりました。

⚠ 地下道

大雨の際は冠水や土砂災害、崩落の危険が。水害が起きた場所を通っている地下鉄も危険。

⚠ 自動販売機のそば

地震で倒れる危険があります。

⚠ 水辺

水害時には川辺や海辺には決して近づかないでください。

道路冠水時は傘などで足元を確認しながら歩いて

冠水する前に避難するのが一番ですが、すでに冠水してしまったときは傘などで足元を確かめながら歩きます。蓋が外れたマンホールや側溝に足を踏み入れてしまうと命の危険があるので注意して。普通の長靴は脱げやすく中に水が溜まってしまうのでスニーカーが◎。

いざというとき役立つトレーニング

【手乗り】

……（トレーニングの基本。人の手を怖がらずに乗ってもらうことができれば移動がスムーズになります。）

1 手でエサをあげる

手に対する恐怖心を取り除くには、手でエサをあげるのが有効。まずはケージごしにおやつをあげて、逃げなければケージの中に手を入れておやつをあげます。

2 軽くスキンシップ

1で手に慣れたら、ケージ内に手を入れスキンシップしてみます。鳥が逃げるなら1に戻って。

3 指を差し出す

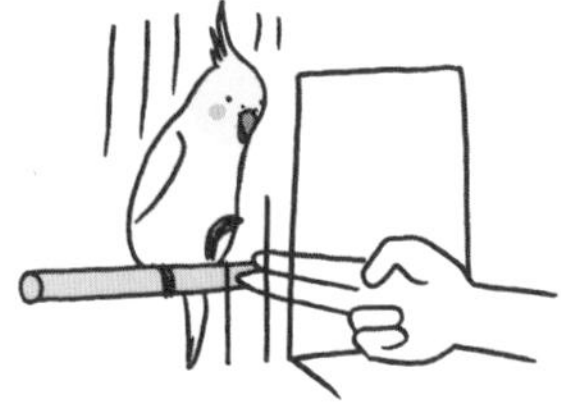

鳥のおなかの前に指を差し出すと、鳥は条件反射で片足を乗せてきます。そのままゆっくりと指を上げると、バランスをとるためにもう片方の足も乗せてくるはず。

4 コトバの合図を付ける

翌日からはスムーズに指に乗ってくるはず。鳥が乗るときに「乗って」というコトバを付けて、コトバと行動をリンクさせます。くり返すうちに「乗って」と言えば指に乗るように。

POINT

「おいで」や「ケージに戻る」トレーニングができていれば、災害時に危険を回避できる可能性がある。

「おいで」

……「おいで」ができるようになれば、鳥を危険な場所から遠ざけたり迷子になるのを回避できるかもしれません。

1 ケージ内で「おいで」

手乗りできることが前提。ケージに手を入れ、鳥から少し離れた場所に指を出して「おいで」と呼びかけます。

2 成功したらごほうび

鳥が指に飛び移ったらおやつなどのごほうびをあげて褒めます。これをくり返し、飛び移る距離を徐々に延ばします。

3 ケージの外で「おいで」

ケージの扉付近まで飛び移れたら、次はケージの外へ。ケージから10cm、20cmと徐々に距離を延ばしていきます。

3大ごほうび

1 おやつ

普段のエサとは違う特別なおやつをトレーニングに使うと効果大。

2 カキカキ

鳥は大好きな人に指で顔周りをかいてもらうのが大好き。仲のよい鳥どうしは顔周りを互いに羽繕いします。

3 声かけ

とにかく鳥はかまってもらうのが好き。笑顔と高めの声で「イイコ！」「すごい！」と褒めてあげて。

＊本書で紹介するのはトレーニング法の一例です。
＊コトバの合図は何でもOKですが、短くわかりやすいコトバで統一することが大事です。

ケージに戻す

コトバの合図でケージに戻れるようにしておくと放鳥中に災害が起こったとき役立ちます。普段の放鳥のときもスムーズにケージに戻せます。

1 手に乗せてケージに戻す

鳥を手に乗せてケージに運び、ケージの中の止まり木に飛び移らせます。このとき、すぐに扉を閉めてはいけません。

2 ケージに入ったらごほうび

扉を開けたままケージの中にいる鳥におやつをあげたり、褒めながらスキンシップ。鳥がおやつを食べている間にそっと扉を閉め、食べ終わったら扉を開けて、1 2をくり返します。

3 コトバの合図を付ける

1を行うときに「おうち」と声をかけます。1 2をくり返し、ケージに入るたびに「おうち」と声をかけると、「おうち」のコトバでケージに戻るようになります。

Checkしよう！

放鳥後にケージに戻らせるコツ

放鳥前は空腹にしておく

おなかいっぱいだとなかなかケージに戻ってくれませんし、ごほうびのおやつも魅力半減。放鳥２～３時間前にケージからエサ入れを外しておくと、「おなかが空いたからケージに戻ってごはんを食べよう」と思ってくれます。

ケージに戻った後、すぐに閉めない

放鳥は鳥にとって楽しい時間。ケージに戻されてすぐに扉を閉めるのは、「楽しい時間は終わり」と告げているようなものです。ケージに戻ってからもスキンシップをしたりおやつをあげて、楽しい時間を続けましょう。

放鳥する時間や回数をランダムに

毎日決まった時間に放鳥していると、終了時間にならないと戻らない習慣が付いてしまいます。放鳥はいつ終わるかわからず、すぐに出してもらうこともあるという状態にしておくと◎。

ケージの中の時間を充実させる

ケージにいても何も刺激がなくつまらないと戻りたくないのは当然。パズルフィーダーなどのおもちゃを入れるなどして、ケージの中でも鳥が楽しめるようにしましょう。

長時間の放鳥を習慣付けるのはデメリットも

長時間の放鳥が習慣付いていると、避難生活で放鳥できない環境になったときに多大なストレスがかかる恐れが。放鳥が短時間の日も作って、ケージの時間が長くても平気なようにしておきましょう。

トレーニングは遊びの一環として、気長に続けるのがコツ。コミュニケーションとして楽しんで

利き手とは逆の手で鳥を背中側から包む

投薬などの処置をするのは利き手なので、反対の手で保定します。右利きなら左手で鳥を包みます。「二点保定法」なら人差し指と中指、「三点保定法」なら親指と中指で鳥の首を挟み、手のひらをひっくり返します。

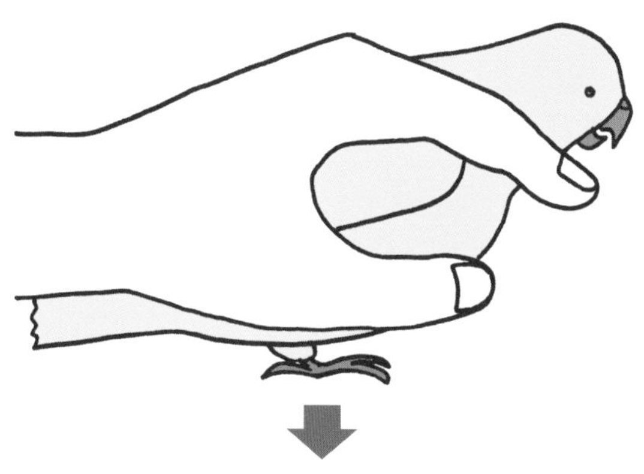

二点保定法

三点保定法

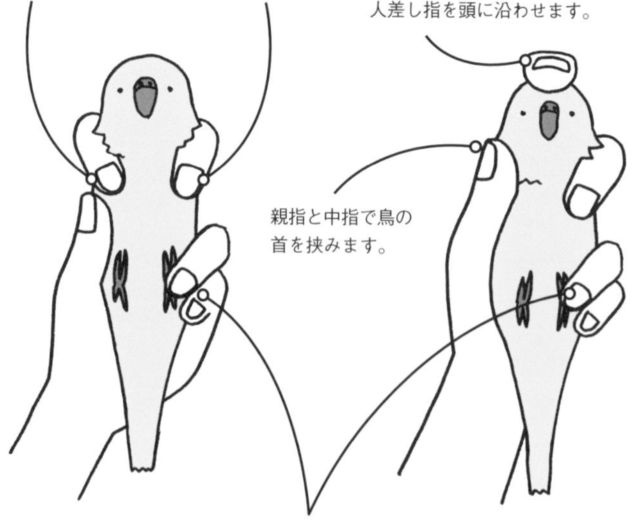

\\ ポイント //

- 胸や腹部を強く押さえない
- はじめは短時間で終える
- 首をねじらない
- 終わったらごほうびをあげる

保定

災害時に思わぬケガをしたりして応急処置が必要になることも考えられます。普段から保定の練習をしておくと安心です。

＊大型鳥の保定は両手を使います。応急処置や投薬は保定係と処置係の2名必要です。

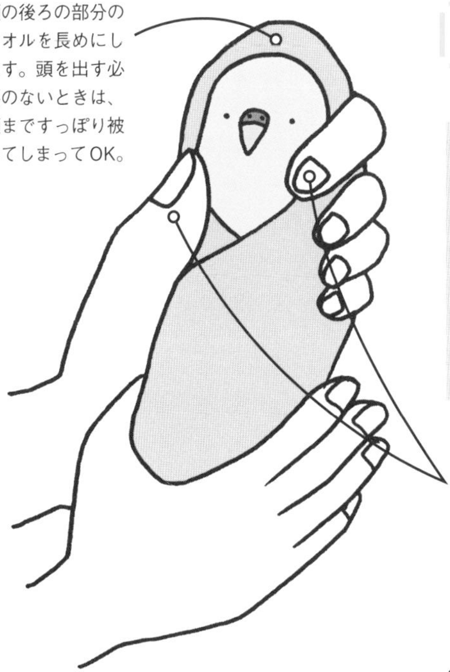

タオルでの保定

頭の後ろの部分のタオルを長めにします。頭を出す必要のないときは、顔まですっぽり被せてしまってOK。

タオルの上から鳥の首を押さえます。

＼＼ ポイント ／／

- セキセイならハンドタオルで。大きすぎたり厚すぎるタオルではうまく保定できず事故の元になる
- 愛鳥が怖がる色や柄のタオルは避ける

＊P.42のポイントも参照

タオルへの慣らし方

タオルごしに抱っこ

タオルを巻いたら胸元に近づけて飼い主さんの温もりを感じさせます。スキンシップがごほうびになります。

ゆっくり包む

すばやい動きは怖がります。鳥の体にゆっくりとタオルを回し、はじめはすぐに外します。これをくり返して慣らします。

タオルで遊ばせる

タオルを敷いておき、その上で自由に遊ばせることでタオルへの恐怖感をなくします。タオルの上でおやつをあげても。タオルに爪が引っかからないように爪切りしてから行います。

おしゃべり

おしゃべりが得意な鳥なら、名前や住所、電話番号を覚えてもらうと迷子になったときに役立ちます。

覚えさせたいコトバをくり返す

とにかくくり返し聞かせるのが一番。コツはスキンシップをせずに行うこと。触れない場所にいるときにこそ、「おしゃべりでコミュニケーションしたい」気持ちがわくのです。1〜2週間で覚える鳥も。

「モデル／ライバル法」を使う

アメリカで実証されたトレーニング法。飼い主さんが発したコトバを別の人間が真似したら、飼い主さんがおやつなどをあげてその人を褒める、という様子を鳥の前で披露します。鳥は「コトバを真似したら褒めてもらえる」と学習し、練習してくれるようになります。

Checkしよう！

おしゃべりのおかげで家に戻れたインコ

迷子になったセキセイやヨウムが、自宅の住所や名前（苗字）、電話番号を保護した人の前でしゃべり、家に戻れた事例が実際にあります。おしゃべりができる鳥には万一に備えて覚えてもらうと安心です。

呼び鳴き対策

飼い主さんにかまってほしくて大声で「呼び鳴き」すると、避難所での集団生活に支障が出てしまいます。正しい対処法で「呼び鳴き」を減らしましょう。

呼び鳴きには反応しない

呼び鳴きには一貫して無反応で通すのが基本。「しずかに!」などと言って叱るのは、鳥にとっては「かまってもらえた」ごほうびになってしまいます。家族全員が一貫した態度で接して。

静かにしているときに褒める、かまってあげる

鳴いているときは無視し、鳴きやんで5分ほど経ったらスキンシップをとるなどのごほうびをあげます。「静かにしていればいいことがある」とわかってもらうことが大切です。

ケージの中で熱中できるものを与える

鳥は退屈が大嫌い。熱中できるおもちゃがあれば、退屈からの呼び鳴きは減ります。おしゃべり上手な鳥は新しいコトバを教えると、ひとり練習に励むことも。何かを上達するための練習は、鳥にとってよい遊びになるのです。

いろんな人に慣らす（オンリーワン対策）

特定の人にしか懐いていない状態だと災害時に誰かに鳥をあずけたり、一時的にでもお世話を頼むことができなくなってしまいます。

ほかの人の手に乗り移らせる

鳥が懐いている人から別の人の手に鳥を渡し、乗り移ったら褒めます。はじめ鳥は我慢して乗っているだけなので、短時間で懐いている人の手に戻らせます。これをくり返し、徐々に別の人の手にいる時間を延ばします。

➡ P.38 手乗りのトレーニング

ほかの人に「よい役」をやらせる

別の人から鳥においしいおやつを与えてもらいます。単純ですが効果的な方法。ひとり暮らしならお客さんを招いたり、友人の家に鳥連れで遊びに行くなどしてトレーニングしてみて。

Check しよう！

ごほうびをあげるタイミング

おやつやスキンシップ、コトバで褒めるなどのごほうびは、鳥が望ましい行動をした瞬間に与えないと意味がありません。3秒後では遅いですし、「おいで」の指示でまだ手に来ていないうちから声をかけていると、成功前にごほうびをあげていることになってしまいます。

いろんな環境に慣らす

……

自宅以外で避難生活を送ることを想定し、いろいろな環境に慣らしておくと◎。ストレスに強い鳥に育てましょう。

ケージの置き場所を変える

発情抑制の方法としても知られていますが、慣れ親しんだ場所はストレスがないもの。ケージの置き場所をときどき変えて、新しい環境に慣らしましょう。ケージ内のエサ入れや止まり木などのレイアウトを変えるのも◎。

友人の家に連れて行く

見知らぬ場所は鳥にとってもちろんストレス。ですが懐いている飼い主さんと一緒なら耐えられます。慣れている止まり木スタンドなどがあればなお安心。あまり長時間だとストレスがかかりすぎるので、半日くらいで帰宅しましょう。

静かすぎる環境にしない

静かな環境でひとりきりの時間が長いと音に過敏になり、ちょっとした物音でパニックになることも。テレビやラジオをうるさくない程度のボリュームで付けておくなど、音がする環境に慣らしておくとよいでしょう。

column

文鳥と乗り越えた阪神・淡路大震災

兵庫県神戸市で鳥カフェ「とりみカフェ ぽこの森」を営む梅川千尋さんは、中学生の頃、阪神・淡路大震災を経験しました。1995年1月17日、早朝にマグニチュード7.3の地震が発生。国内史上初の震度７を観測し、死者6434人、住宅約64万棟が被害を受けた大震災でした。「慌てて起きると母と妹の上に倒れたタンスがのしかかっていて、父親がなんとか救助しました」

当時から鳥好きだった梅川さんは、文鳥７羽を飼育していました。そのうち５つの金網ケージは玄関の建付け靴箱の上に置いていましたが、見に行くと靴箱ごと倒れて１mほど下のたたきの上に転がっている状態でした。フン切り網は外れトレーは吹っ飛び、ケージの角はへこんでいましたが、中の文鳥は全員無事。ここから梅川さんは「地震が起きてもケージに入っていれば鳥は安全」ということを学びます。

当時、梅川さん一家が住んでいた一軒家は築20年で半壊状態。これからどうしようと眠れぬ一夜を過ごした翌日には避難勧告が出されます。梅川さんの住んでいた地域でLPガス漏えいが起こったのです。自宅を出なければならなくなった梅川さん一家は、千葉にいる親戚宅に向かうことを決心。もちろん文鳥たちも一緒です。すべてのケージを乗せるのは難しいため、ケージを３つに減らし７羽を収めます。相性が悪く一緒にできない鳥たちは段ボールで仕切りを作りひとつのケージへ。P.16で紹介した仕切りはそのときに考案したものです。

一家と文鳥たちを乗せた車は千葉へ出発。震災の混乱もあり１日では到着できず、車中泊も経験します。

その後、梅川さんは千葉の親戚宅に１か月ほど滞在。「自宅ではないので一度も放鳥はしませんでしたが、皆体調は問題ありませんでした」

そうして２月、元気な文鳥たちを連れて神戸に戻った梅川さん。文鳥たちはその後全羽、天寿を迎えるまで長生きしました。梅川さんはそのときの体験を生かし、いまも鳥の飼い主さんに災害対策を発信。「心の底から鳥さんと一緒に楽しく過ごすためにも、日頃から災害への備えをしてほしい」と語ります。

■とりみカフェ ぽこの森
https://birdcafe.jp/
Twitter @torimicafe

第2章

災害発生！
そのときどうする

CASE 1 自宅で被災したとき

被災の瞬間、どうすべきか

まず守るのは自分の身

地震の際は特に頭を守るのが大切。鞄やクッションがそばにあれば頭の上に乗せて。鳥を助けるのは落ち着いてからです。

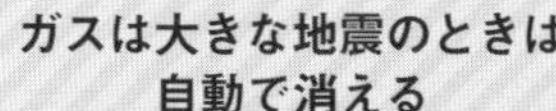

ガスは大きな地震のときは自動で消える

震度5以上などの大きな揺れを感じると、安全装置が作動してガスは自動で止まります。ガスの火を消そうとしてキッチンに急ぐより身を守って。

＊古いガスコンロには安全装置が付いていないことがあります。

ケージの中にいれば基本的に安全

あらかじめケージや周りの家具を固定し、ケージ内も安全対策を施しておけば、ケージ内にいる鳥が地震で命を落とすことはほぼありません。

➡ P.26 家の中の安全対策

➡ P.28 ケージの安全対策

上記は地震の際に取るべき行動です。火災や水害の場合はまた違ってきますが、共通するのは〝まずは自分や家族の身を守ること〟。心得その1の「人命が最優先」（4ページ参照）に則って行動してください。つまり、被災の瞬間に鳥にやってあげられることはありません。混乱の中、慌てて鳥を捕まえようとすると逆にケガさせる恐れもあります。鳥の生存空間（生存の維持に必要な空間）は人より小さいので、ケージの外に出ていたとしても人より助かる確率は高いのです。

POINT

被災の瞬間は自分の身を守ることを優先。鳥はケージの中にいれば基本安全。落ち着いてから助けよう。

ケージの強度

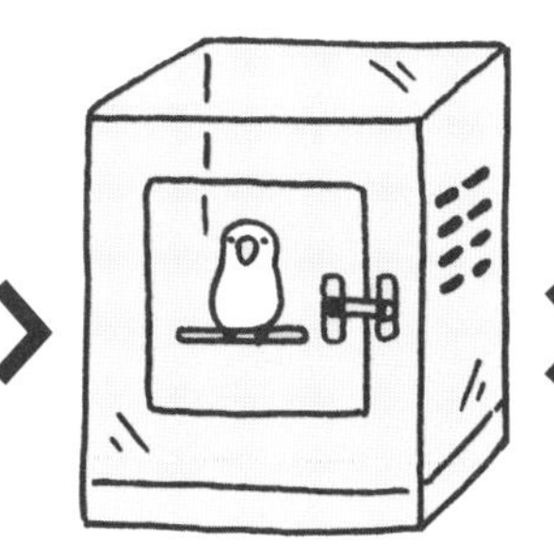
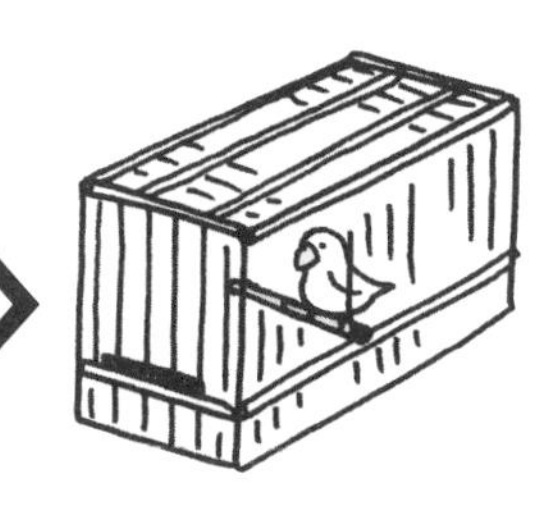

金属製

ステンレスやアルミの金網ケージが最も強度が高いです。ケージが落下すると一部へこんだりするかもしれませんが、中の鳥に命の危険があることはほぼないでしょう。ステンレスよりアルミのほうが軽く、同行避難には向いています。

プラスチック製

プラスチック製のケージは保温性が高いのが長所ですが、金属より強度が低く、落下すると割れる恐れがあります。またプラスチックの一種であるアクリル製のケージには重たいものが多く、同行避難の運搬には不向き。

木製・竹製

風合いがありますが、細い棒を1本ずつ組み立てる作りのため落下するとバラバラに分解する恐れがあります。また、底のトレーが引き出せないものは掃除の際、脱走のリスク大。軽いので運搬には向いています。

軽さと強度から、
災害時には金網ケージが
一番いいみたい

緊急地震速報が鳴ったら

2007年からスタートした緊急地震速報。大きな地震発生が予想された場合にテレビやラジオ、インターネットで流れます。スマホでも受信できるよう設定しておきましょう。速報が流れてすぐに揺れが来ることもあれば、数十秒程度かかることもありますが、いずれも作業はすぐに中止し安全な場所に移動しましょう。すぐに揺れが来ないときはドアを開けて避難経路を確保したり、スリッパや靴を履いたりするとよいでしょう。

CASE 1 自宅で被災したとき

被災直後にすべきこと

自身の状況確認

まずは自分自身の安全を確認。ケガをしていないか、救助要請の必要があるかを確認します。

救助要請が必要な場合

ケガをして動けない、モノに挟まれて身動きできないなどのときは、そばにある固いモノを叩いて音を出し、自分の存在を知らせます。大声を出し続けると体力を消耗して危険です。

足を保護して避難経路の確保

室内でも靴を履くか、なければスリッパなどで足を保護し、ドアを開けて屋外への避難経路を確保します。余震が来て建物がゆがみドアが開かなくなる前に行います。

火災が発生したら

火が小さいうちなら消火器や水バケツで消火します。炎が大きく身の危険を感じる場合はすぐに避難。周囲に「火事だ」と知らせ、避難できたら119へ通報します。

津波・土砂災害の危険がある場合

警や土砂災害警戒情報が出たときは早急に避難します。

POINT

地震の揺れが収まったら、自身の状況確認、避難経路の確保、家族や鳥の安否確認の順に行動しよう。

地震の揺れが収まったら、まずは避難経路を確保します。余震で建物がゆがんでドアが開かなくなる危険を避けるためです。

その後、家族や鳥の安否確認を行います。鳥がケージの中にいれば安心ですが、放鳥中だったりケージの扉が開いて部屋に出てしまった場合は捕まえてケージに入れなければなりません。被災直後は飼い主さんも動転しているでしょうし鳥も驚いているので、落ち着いてから捕まえるようにしてください。

家を出て避難する必要がある

かどうかの判断をするため、テレビやラジオ、インターネットで情報収集をします。自治体から避難指示が出たり、気象庁から警報が出たときは危険性が高いので避難してください。

家族や鳥の安否確認

在宅中の家族や鳥の居場所、ケガの有無などを確認します。

➡ P.54 鳥を連れ出す準備をする

鳥が見つからない場合

放鳥中に災害が起きたり、ケージの扉が開いて鳥が出てしまい、捕まえようとしても捕まえられないこともあるかもしれません。避難指示が出るなど緊急の場合は、鳥を置いて人間だけで避難することも必要です。

➡ P.58 やむをえず鳥を置いて避難

情報収集して避難の判断

避難情報が出ていないか、火災や地盤液状化の危険はないかなどの情報を集めます。停電時は乾電池式のラジオが有益です。家の内外もチェックして被害状況を確認し、避難するかどうかを判断します。

➡ P.56 鳥と一緒に同行避難する

鳥が負傷している

ケージの落下などで鳥が負傷していることもあります。応急処置が必要ですが、早急に避難の必要がある場合は同行避難してから行います。

➡ P.62 鳥の応急処置

避難情報

大 ↑ 危険 ↓ 小

警戒レベル	避難情報等
5	緊急安全確保
4	避難指示
3	高齢者等避難
2	大雨・洪水・高潮注意報
1	早期注意情報

「レベル4で全員避難」が基本。鳥を連れて行かねばならない飼い主さんはそれより早い段階での避難を検討します。レベル5はすでに安全な避難ができず命が危険な状況なので、緊急安全確保の発令を待ってはいけません。

CASE 1 自宅で被災したとき

鳥を連れ出す準備をする

鳥のエサや薬を非常用持ち出し袋に

少なくとも鳥のエサと持病の薬、飲み水だけは最初に持ち出す非常用袋に入れておきます。最初に持ち出せなかったものは、安全が確認でき次第自宅に戻って運びます。

➡ P.18 命に関わるエサと薬

段ボールなどで覆う

ケージを覆って同行避難の準備をします。寒いときは段ボールや防寒防風アルミシート、暑いときは薄手の布や不織布、新聞紙がおすすめ。雨天ならさらに雨合羽やポリ袋で覆います。あらかじめ覆うモノを用意しておき、同行避難が決まったらすぐに覆えるようガムテープなども準備。

扉の固定などの対策

移動の際にケージが揺れても大丈夫なように、扉やトレーを固定し、水入れやフン切り網を外します。外した水入れなどのグッズはケージの上にガムテープなどで留めるか、持ち出し袋に入れます。

➡ P.14 同行避難の方法

POINT

被災後はいつでも同行避難できるよう準備しておこう。鳥かごを覆う、扉を固定するなどの準備が必要だ。

最初のパニックが収まったとしても、余震や火災などでいつ状況が変わるかわかりません。いつでも同行避難できるよう準備をしておきましょう。

鳥がケージから出てしまい、怖がって捕まえられないときは大変。こうしたときのために「おいで」のトレーニング（39ページ参照）をしておくと安心です。

鳥を捕まえるときのために虫取り網やタモ網を用意しておくと◎。普段から網を部屋に出しておき網の上で遊ばせるなどすると慣れさせることができます。

鳥が捕まえられないとき

放鳥中に災害が起きた、ケージが落ちて扉が開いてしまったなどで
鳥が部屋に出てしまい、鳥も怖がってなかなか捕まえられないときは
下のような方法で捕まえてケージに戻します。

虫捕り網を使う

虫取り網や魚用のタモ網で捕まえます。枠が鳥に当たるとケガする恐れがあるので勢いよく動かさないこと。鳥が高い場所にいるときは鳥に網をそっと近づけ、フチに止まらせて下ろす方法もあります。

布をかぶせる

タオルや薄手の布を鳥にかぶせ、鳥の動きを止めます。その後タオルの上から鳥を優しく手で包み込みケージの中へ。タオルや布がすぐに用意できないときは薄手の上着を使っても。

夜なら照明を消す

照明を消せば鳥は一瞬何が起こったかわからず固まります。鳥が止まっているときに照明を消し、すぐに捕まえます。鳥が飛んでいるときに消すのはNG。壁にぶつかるなどケガの元になります。

屋外に逃げてしまったとき

窓ガラスが割れるなどして鳥が屋外に逃げてしまうこともあるかもしれません。避難する必要がなければすぐに捜索を開始しましょう。避難の必要があるときは捜索用の鳥の写真や迷い鳥チラシを非常用持ち出し袋に入れ、ひとまず人間だけ避難。落ち着いたら捜索を開始します。

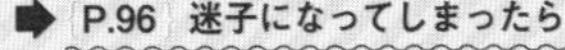
➡ P.96 迷子になってしまったら

CASE 1 自宅で被災したとき

鳥と一緒に同行避難する

家を出る前にやっておくこと

① 電気のブレーカーを落とす

スイッチが入ったままの家電が転倒するなどして壊れると、通電再開後、ショートするなどして火災が発生する恐れが。

② ガスの元栓を閉める

ガス管やガス器具が壊れると、ガスが復旧したときにガス漏れを起こし爆発するなどの危険があります。

③ 戸締まり

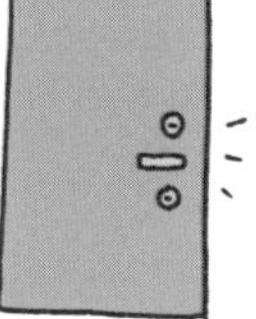

壁などが壊れていなければ施錠しておくと安心。被災地を狙う空き巣がいるからです。窓も同様に施錠を。

④ 家族にメモを残す

家族が帰って来たときのために玄関内側にメモを残しておくと◎。安否確認にもなります。災害伝言ダイヤルなども利用を。

POINT

避難するときはペットも一緒に連れて行く「同行避難」が原則。家に置いていくと戻れなくなる危険がある。

避難指示が出たり火災などの危険が迫ったときは、鳥を連れて同行避難します。「すぐに戻れるだろう」と思って鳥を置いて行くと、自宅のある地域が警戒区域に指定されるなどして戻れなくなることがあるからです。

ペットとの同行避難が推奨されているのは、飼い主の保護下でなくなった動物が衰弱・死亡することを防ぐのはもちろん、被災地に放浪動物が増えて環境が悪化したり、人に危害を加えたりすることを防ぐという公共の利益の一面もあります。

避難時の装備

ヘルメットや防災ずきん

一番守るべきは頭。ヘルメットや防災ずきんがないときは、毛布や座布団などクッション性のあるものを頭に被っても。火災時の火の粉は帽子でも多少防げます。

夜間はライトも

夜間は足元を照らしながら歩かないと危険です。手に持つタイプよりもヘッドライトがベスト。

手袋や軍手

足場の悪いところを何かにつかまって歩かなければいけないときなどに、手をケガから守ります。丈夫な革手袋がよいですが、なければ軍手でも。

鳥のケージは背負子で運ぶ

どんな危険があるかわからないため、両手はフリーにしておきたい。本書では背負子で鳥のケージを運ぶ方法を推奨します。その他の持ち出し品をケージの上に乗せても。

長袖・長ズボン

手首・足首まで隠れる長袖・長ズボンを着用。火災時は難燃素材がベストですが、天然素材ではウールや綿が◎。化繊は燃えやすいです。

歩きやすい靴

履き慣れたスニーカーなどがベスト。釘やガラスを踏んでも突き抜けない「踏み抜き防止インソール」もあります。

車で避難するのはOK？

避難は徒歩が原則です。大規模災害の場合、道路に亀裂が入ったり高速道路が崩落することも考えられます。交通規制も行われるため大渋滞も予想されます。運転中に災害が起きたときも車を置いて徒歩で避難することが推奨されています。ただし、津波の危険があるときは高台へなるべく早く移動する必要があることから、車での避難も認められています。

CASE 1 自宅で被災したとき

やむをえず鳥を置いて避難

割れた窓は段ボール等でふさぐ

鳥が外へ逃げてしまったり、野良猫や野鳥が入ってきたら大変。段ボールやレジャーシートなど家にあるもので補修しておきます。

ケージの扉は開けておく

落ち着いたら鳥は住み慣れたケージに戻ってくるはず。扉を開けて戻れるようにしておきます。

エサや水をたっぷり入れておく

いつものエサ入れ、水入れ以外にも、予備の容器があれば追加で入れておきます。

フン切り網は外しておく

下に落ちたエサも食べられるようにしておきます。底には新聞紙などを敷いておきます。

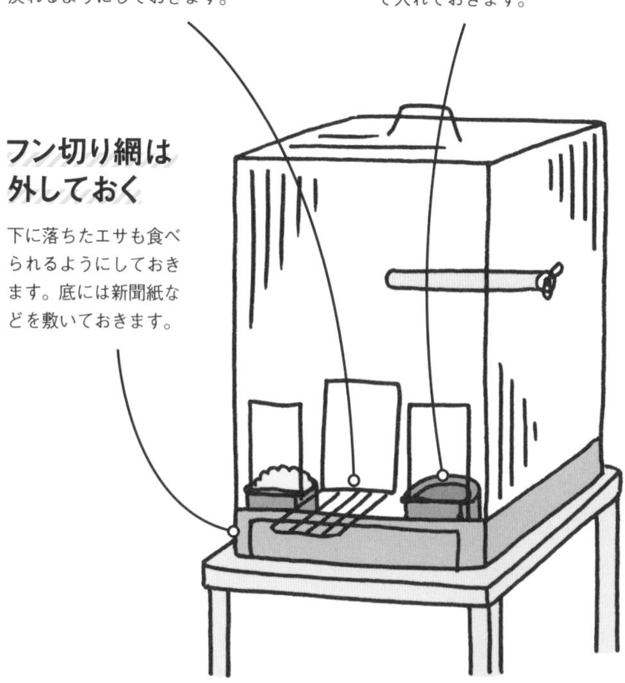

鳥が部屋に出てしまいどうしても捕まえられないときに危険が迫ってきたら、とりあえず人間だけで避難するしかありません。その場合も家に残す鳥のためにエサや水をたくさん置いておき、再会できるまでの間、鳥が生き延びられるよう準備しましょう。

自宅のある地域が警戒区域に指定されるなどしてすぐに帰れなくなった場合は、家に鳥を置いてきたことを自治体の動物担当部署に相談します。動物災害救援本部やボランティアさんが鳥の確認や救護をしてくれる場合も。

POINT

鳥と同行避難できず、やむをえず家に置いていくときも、エサや水を用意するなどやれることはある。

レースカーテンを閉め下や横をガムテープで留める

余震などで窓ガラスが割れたとき、破片の飛散や鳥の脱走を防ぐための対策です。

鳥が別の部屋にいるときは必ずドアストッパーを

ケージのある部屋に戻ってこれるよう、ドアを開けておきます。ドアストッパーがなければ重たい荷物で固定します。

ケージの外にもエサや水をたっぷり

ありったけのエサ、おやつ、鳥用の野菜などを出しておきます。水は洗面器やバケツなど大きな容器にたっぷり用意。

「外に放す」は死刑宣告

「鳥だから外でも生きていける」は人間の思い込み。野鳥と違い飼い鳥は屋外でのエサの探し方を知りませんし、風に乗ってうまく飛ぶこともできません。カラスや野良猫に襲われることもあるでしょう。そもそも愛護動物の遺棄は犯罪に当たります。責任もって愛鳥を守ることができるよう、災害への備えを充実させて。

CASE 2 外出先で被災したとき

すぐに帰宅できないときは

《 外出先で被災した際のフローチャート 》

- 帰宅できない
  - 屋外・街中にいる場合 → 近くの避難場所へ → 一時滞在施設へ

    まずは近くの避難場所で様子を見ます。公共交通機関が復旧せず帰宅できない場合は、首都圏であれば一時滞在施設に身を寄せます。受け入れ可能となった一時滞在施設は行政等から情報発信されます。
  - 職場等にいる場合 → そのままそこで過ごす

    建物倒壊等の恐れがない場合は、そのままそこで過ごすのが安全です。こういうときのために職場等にも最低限の非常用グッズを用意しておきたいもの。
- 帰宅できる
  - 家へ

    安全に帰宅できるなら自宅にいる鳥を助けるために帰宅します。自宅までの道中が危険な場合は無理しないで。

すぐに帰宅できないときのために エサはたっぷり入れておくと◎

遠方に出かけるときはエサを多めに入れておくと、万一帰れなくなったときに安心です。

外出先で被災した場合、家の近くならすぐ帰れますが、離れた場所の場合、交通機関が麻痺してすぐに帰宅できないこともあります。そんなときはまず家族の安否を確認し、その後鳥の安否を確認。家族が家にいれば鳥の安否も確認できます。停電していなければ見守りカメラで確認する方法もあります。

窓の外などから鳥の様子が見える場合は、親しいご近所さんに確認してもらうこともできます。こんなときのために頼りになる知り合いを作っておきたいものです。

POINT

外出先で被災した場合は帰宅困難になることも。外出先から鳥の安否を確認できる方法を作っておきたい。

《 鳥の安否確認の仕方 》

① 家族が家にいるなら災害伝言ダイヤル等で連絡をとる

普通の電話は回線がパンクして通じなくなっていることが多いため、災害伝言ダイヤルやLINEなどを利用し家族の安否を確認。家族が家にいたら鳥の安否も一緒に確認できます。

② 見守りカメラで確認

インターネットを通じて映像を確認できるカメラを、鳥がよくいる場所が映るようにセットしておけば、無事でいるかどうかわかることがあります。

③ 近所の人に確認してもらう

窓の外から中が覗けるような家なら、親しくしているご近所さんに見に行ってもらっても。中の様子がわからなくても、建物の無事が確認できるだけでも安心です。ただし、あらかじめその人と連絡をとる手段（災害伝言ダイヤル等）を作っておく必要があります。

長距離を徒歩で帰宅するには

遠いけれど、なんとか歩いて帰れる距離の場合、あると便利なのはスニーカーと帰宅支援マップです。特に女性の場合、ヒールのある靴だと長距離を歩けません。職場等にはスニーカーを一足用意しておくとよいでしょう。

帰宅困難者に対する支援として、首都圏ではコンビニやガソリンスタンド、ファミリーレストランなどが「災害時帰宅支援ステーション」として水道水・トイレ・テレビやラジオからの災害情報の提供を行うことになっています。

ケガや体調不良のとき

鳥の応急処置

ここで紹介する応急処置は、獣医師を探したり動物病院に連れて行ったりする時間や手段がない場合に、鳥の命が助かる可能性を少しでも高めるためのものです。可能なら動物病院に連れて行ったほうが確実ですし、連れて行けなくとも連絡が取れるのならば、獣医師の指示を仰ぎながら行ったほうが安全です。間違ったやり方は悪化を招くこともあります。災害時でも診療を続ける動物病院は多く、過去の災害でも全壊・半壊した動物病院が電気や水が使えないなか必死の救護活動を行っていたことがわかっています。

応急処置を行う際は、飼い主さん自身に危険が及ばないよう安全な場所で行ってください。大声を出したりすると鳥がパニックになるため、何よりも飼い主さんがまず落ち着くことが大切です。

人や犬猫用の薬は使わない

哺乳類と鳥類の体の仕組みはまるで異なります。人用の薬はもちろん、犬猫用の薬を飲ませたり塗ったりするのも危険です。

POINT

獣医師に診てもらえないときに行う応急処置の仕方は、飼い主としてひと通り確認しておきたい。

動物病院が診てくれるときはとにかく早く病院に連れて行くのが一番。鳥が動き回って悪化しないよう、小さいプラケースに入れて運びます。

皮膚からの出血

……

災害時、ケージが倒れてケガをしたり、驚いた鳥がケージの中で暴れて出血することが考えられます

圧迫止血

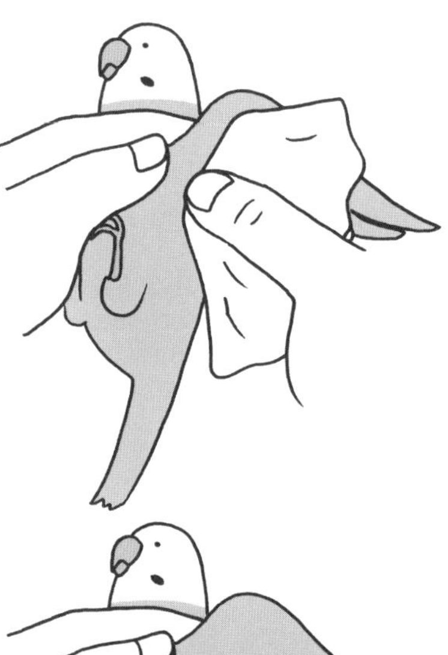

鳥を保定し、ティッシュやガーゼで出血部分を押さえます。1分ほど押さえてティッシュを外し、血が止まっていない場合は再び押さえます。それでも血が止まらなければ下記の方法に変更するか、圧迫止血したまま動物病院へ急ぎます。

体重の1%以上の出血は危険

体重35gのセキセイなら0.35ml以上の出血は危険。1滴がおよそ0.05mlなので、7滴出血すると危険な領域です。

血が止まらなければ

小麦粉などを患部に付ける

血を拭き取った後、小麦粉や片栗粉を指先または綿棒の先に取ります。患部に粉を十分塗布したあと、上からティッシュなどでしばらく押さえます。粉がカサブタのように固まって血が止まればOK。止血できたとしても患部が開いて再度出血してしまうことがあるので必ず動物病院へ。

筆羽（ひつう）からの出血も同じ治療で

新しく生えて来た筆羽には血が通っており、途中で折れてしまうと出血します。「筆羽を根本から抜く」という応急処置が知られていますが、血で汚れていると筆羽の場所がわかりにくく、またうまくできないと骨折させてしまうリスクもあるため、なかなか難しいのが現状。根元を圧迫止血して動物病院へ連れて行くのが安全でしょう。

【爪からの出血】

……（深爪以外にも、爪が引っかかって折れたり他の鳥に爪を噛まれるなどすると爪からの出血が起こります。）

止血剤を付ける

鳥を二点保定法で保定し、人差し指と親指で足先を保定します。血を拭き取ったらクイックストップ（動物用止血剤）を指先に取り、出血部分に押し込むように塗布します。クイックストップがない場合は小麦粉や片栗粉で代用します。

➡ P.42 二点保定法

クイックストップは皮膚に使ってはダメ！

クイックストップは患部を化学的にやけどさせて止血するものなので、皮膚に付けると強い痛みをともないます。傷の治りも遅くなるので間違って使わないで。

自咬による出血はエリザベスカラーを

鳥が自分で皮膚をかじって出血している場合、まずはエリザベスカラーを装着してかじれないようにします。カラーは厚紙やクリアファイルなどで作成可能。カラーの内径は文鳥で9㎜、セキセイで10㎜、オカメで13㎜ほど。丸く切り抜いてテープで留めればOKです。
自咬の原因は疼痛やかゆみなどさまざま。獣医師による診断が必要です。

やけど

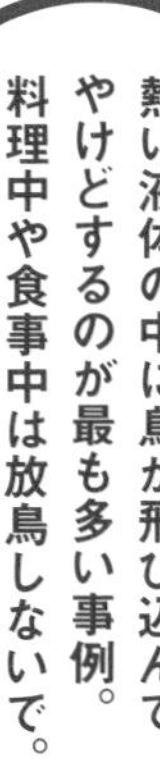
熱い液体の中に鳥が飛び込んでやけどするのが最も多い事例。料理中や食事中は放鳥しないで。

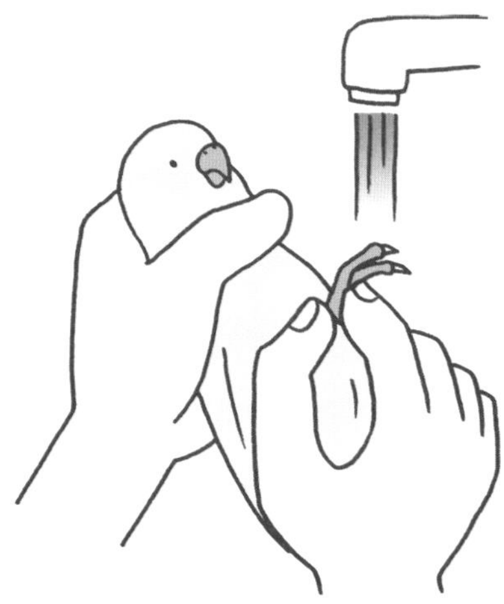

流水で冷やす

最もやけどしやすいのは皮膚が露出している足の部分。鳥を保定し、すぐに患部を流水で冷やします。鳥が耐えられるなら5分程度冷やし続けます。その後すぐに動物病院へ。足を含め広い範囲をやけどした場合も、足のみを冷やします。全身を流水で冷やすと体温が下がって危険です。この方法がうまくできなければ下記の方法に変更します。

水を張ったプラケースに入れる

プラケースに足が浸かるくらいの水を張り、5〜15分ほど中に入れて冷やします。氷水は冷たすぎて危険なので常温の水を使います。その後動物病院へ。やけどを放置すると重症化し命を落とすこともあります。また、やけど直後は皮膚に異常が見られないこともあります。

低温やけどに注意！

冬場、ヒーターのそばで温まり続けた鳥が低温やけどになる例があります。ヒーターはケージの中に入れず、直接触れられないようにしましょう。特にコザクラインコやボタンインコはヒーターの上に乗って足を低温やけどすることが多いようです。

膨羽（ぼうう）

気温が低く寒いとき、また体調が悪いとき鳥は全身の羽根を立たせて空気の層を作り体温を保とうとします。

《 膨羽のサイン 》

クチバシ
羽毛で覆われていないクチバシは体温が逃げやすい場所。寒いと顔を後ろに回し羽毛の中にクチバシをうずめます。

目
首を埋めるような体勢で目をつぶり、活発さがなくなります。

羽毛
全身の羽毛を立たせて空気の層を作り、体温を保とうとします。

足
寒いと片足を羽毛の中にしまって温めます。羽毛で覆われていない足は体温が逃げやすく冷えるのです。

P.93 停電時の保温の仕方

とにかく保温

抱卵時以外の膨羽は保温が必要。エアコンや鳥用ヒーターで室温を上げることが大切です。鳥の内臓は気嚢（きのう）に包まれており、吸った空気が温かいことが重要。停電でエアコンやヒーターが使えないときはカイロを使用します。推奨温度は28～30℃。32℃以上は脱水の危険があります。

何もないときは

胸元に入れる

保温用のカイロもないときは、人の体温で温めるしかありません。防寒具を着て胸元に鳥を入れます。胸元に保温室を作るイメージです。保温効果は低いので動物病院へ急いで。

熱中症

南国生まれの鳥でも、暑すぎると熱中症になります。冬場、保温のしすぎで熱中症になることも。放置すると命の危険があります。

《 暑がっているサイン 》

クチバシ
あえぐような呼吸で気嚢や肺から熱を逃がそうとします。この呼吸運動によって体温が上昇し死に至ることもあります。

翼
翼を広げ、脇の無毛域をさらして体温を逃がそうとします。

足
熱を逃がすため足を広げます。熱中症になると足がふらつくこともあります。

羽毛
羽根をぴたっと寝かせて空気の層をなくします。膨羽と逆の状態です。

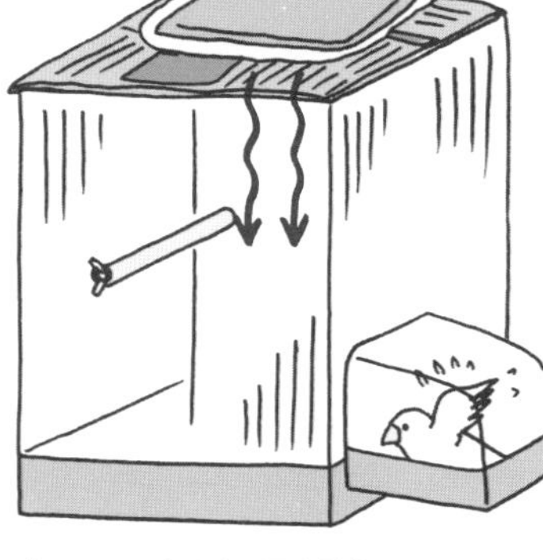

➡ P.94 停電時の暑さ対策

空気を冷やす

鳥の内臓は気嚢に包まれており、吸った空気が涼しいことが重要です。そのためエアコンで室温を下げるのが一番ですが、停電でエアコンが使えない場合は瞬間冷却剤を利用します。瞬間冷却剤が冷たさを保っていられる時間はそれほど長くないので、たくさん用意しておき何度も取り換える必要があります。

水を飲ませるのは誤嚥（ごえん）の危険が

熱中症のときは脱水も起こしているので水を飲ませたいところですが、熱中症であえぎ呼吸をしていたり意識が遠のいている鳥に人が水を飲ませると誤嚥し肺炎になってしまうリスクがあります。水が飲める環境にしておき、鳥が自分で飲むのを待ちましょう。

風を送る

鳥は足や脇などの無毛域から熱を逃がすことができます。エアコンが使えないときは、うちわや乾電池式扇風機で風を送ることは多少有効。鳥の様子を見ながら行いましょう。

卵管脱（らんかんだつ）／クロアカ脱

総排泄肛や卵管が反転して飛び出た状態。産卵後や卵詰まりのときによく起こりますが、壁にぶつかったり人が誤って踏んだりしたショックでも起こります。

飛び出た部分を押し戻す

飛び出た部分をそのままにしていると乾燥して壊死するため、押し戻す必要があります。鳥を保定し、湿らせた綿棒または指先で内部に押し戻します。

押し戻せない場合

患部の乾燥を防ぐ

押し戻せない場合や、押し戻しても再度脱出してしまう場合には、生理食塩水で濡らしたガーゼなどで患部を包んで乾燥を防ぎ、動物病院へ急ぎます。鳥が患部を気にしてつついてしまう場合には、エリザベスカラーを装着します。

➡ P.42 二点保定法

➡ P.64 エリザベスカラー

卵詰まりがわかったときは

おなかを触って卵があるとわかったときはまず保温します。カルシウムやビタミンD3のサプリがあれば与えます。24時間経っても産卵しない場合は動物病院へ。自宅で腹部を圧迫して卵を排出させる治療は失敗すると危険なのでプロに任せて。

➡ P.93 停電時の保温の仕方

MEMO

生理食塩水の作り方

生理食塩水とは体液と同じ塩分濃度0.9%の水のこと。市販のものもありますが作ることもできます。一度沸騰させてから冷ました水500mlに、食塩（精製塩）を4.5g（小さじ3/4ほど）を入れ、よく混ぜたら出来上がり。水を入れる容器も沸騰させた水でよく洗ってから使います。傷むので作り置きはせず、その都度新しく作りましょう。

呼吸困難

持病の悪化や出血多量、何かにぶつかった脳震とう、火災時の煙を吸うなど、さまざまな理由で呼吸困難に陥ることがあります。

《 呼吸困難のサイン 》

● クチバシ
口を開け、呼吸が速くなります。異音が聞こえることもあります。

● 頭
天を仰ぐように頭を上げて呼吸をします（星見様姿勢/スターゲイジング）。

● 尾羽
尾羽を上下に振って呼吸を補助する動きが見られます（尾翼呼吸/ボビング）。

● クチバシ、足
血中酸素濃度が下がると皮膚や粘膜が青紫色になります（チアノーゼ）。文鳥の赤いクチバシやアイリングは色の変化がわかりやすいです。

酸素吸入

プラケースに鳥を入れ、酸素ボンベをケースの中に噴射します。酸素は20～30秒噴射が目安。鳥の様子を見ながら、呼吸困難サインが出なくなるまで酸素量を調整します。酸素は空気より重いのでケースの下側に溜まりますが、ケースの上の開いた部分はタオルなどで軽く覆っておきます。その後プラケースを保温しながら動物病院へ。

➡ P.93 停電時の保温の仕方

column

あなたと鳥を助けてくれるネットワークを作ろう

飼い主として、愛する鳥の命を守るのは当然のこと。ですが、災害時はあなたの力だけではどうにもならないことがあります。大切なのは、いざというとき味方になってくれる人を増やすこと。特に鳥好きではない親戚の方やご近所さんを頼ることがあるかもしれません。日頃から円滑な人間関係を作っておくことが、災害時にモノをいいます。

もちろん、鳥好きのネットワークを作っておくことはさらに大切です。鳥の飼い主同士でつながったり、鳥を購入した店のスタッフさんとコミュニケーションをとったり、かかりつけの動物病院と災害時について話してみたり。鳥に関わる人々の鳥を想う気持ちは同じですし、鳥についての知識があるのでいざというときは知恵や力を貸してくれるでしょう。

全国に店舗をもつバードショップ「こんぱまる」は、災害時に鳥の飼い主さん向けの支援をし続けているお店。2016年の熊本地震、2017年の九州北部豪雨などで鳥の一時あずかりを行っています。こんぱまる出身の鳥でなくとも無償であずかり、そのうち数羽は飼い主さんがやむをえない事情で手放したため、里親探しも行いました。

埼玉県にシェルターをもつレスキュー団体、認定NPO法人TSUBASAも災害時の支援をしています。2011年の東日本大震災では避難区域に入り、置き去りにされた鳥たちを保護したり、鳥用の救援物資を提供。その後、鳥の里親探しも行っています。

こうしたボランティア活動を最初からアテにするのはよくありませんが、どうしても困ったときは相談してみるとよいでしょう。こんぱまるもTSUBASAも、ブログやTwitterなどで救援情報を発信しています。

TSUBASAは全国で愛鳥塾やシンポジウムを開催しています。こうしたイベントで鳥について知識を深めるのはもちろんのこと、愛鳥家さん同士の集いの場にもしてもらいたいといいます。鳥友を作れば災害対策になるだけでなく、あなたと鳥の暮らしをいっそう豊かにしてくれることでしょう。

■認定NPO法人 TSUBASA
https://www.tsubasa.ne.jp/

**■インコ・オウム専門店
こんぱまる**
http://www.compamal.com/

TSUBASA

こんぱまる

第3章

避難生活の送り方

どこで避難生活を送るか

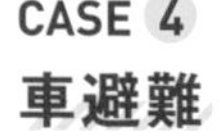

CASE 4
車避難
➡ P.84

CASE 4
テント避難
➡ P.84

CASE 1
在宅避難
➡ P.74

自宅敷地内

CASE 2
家に鳥を置き、お世話に通う ➡ P.76

CASE 2
知人宅に鳥を置きお世話に通う ➡ P.76

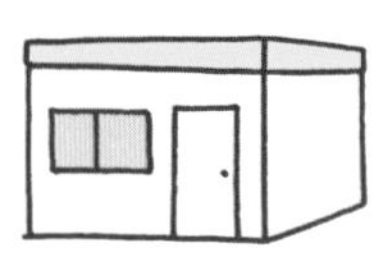

CASE 5
動物病院やペットホテルにあずける
➡ P.86

CASE 5
ボランティアにあずける
➡ P.86

CASE 5
知人や親戚にあずける
➡ P.86

POINT

避難所で生活することだけが選択肢じゃない。自宅が無事なら自宅で過ごすのが一番。鳥のストレスも少ない。

避難生活といえば避難所で生活するものと思い込んでいる人がいるかもしれませんが、自宅での生活が可能ならば自宅で過ごすのがベストです。避難所では個々に割り当てられるスペースが狭く、プライバシーを守るのも難しいですし、鳥も慣れた家で過ごせたほうがストレスが少ないでしょう。ライフラインが止まるなどして自宅で生活するのが難しいときも、鳥だけは自宅に置いて人は避難所で寝起きし、毎日お世話に通うという方法も。避難生活の送り方はさまざまあるのです。

避難生活のかたちはさまざま

避難所敷地内

屋内ではないが屋根のある場所で過ごすことを軒先避難といいます。ペット飼育スペースに当てられることも。寒さや暑さが厳しいのが問題。

避難所でペットと一緒に過ごすといっても、同じ部屋で過ごせることはまれ。また同居できたとしても犬など他のペットも同じ部屋のことがあります。

CASE 3
避難所で鳥のお世話をする
➡ P.78

CASE 4
テント避難
➡ P.84

CASE 4
車避難
➡ P.84

避難所でペットと暮らすとしても、ペットはペット飼育スペースに置き、毎日お世話に通うというスタイルが基本。動物アレルギーをもつ人もいることから、人用のスペースにペットを入れることは難しい。

同行避難≠ペットとの同居

ペットの同行避難と、避難所で同居して生活することは同じではありません。同行避難とはペットを連れて避難することで、国の方針ですが、避難所での同居生活を意味するものではありません。避難所は動物が苦手な人やアレルギーのある人もいることから、ペットは人とは別のスペースに置かれることが多いのです。

CASE 1

家が安全なら在宅避難

人も鳥も家で過ごす

水問題

水道が復旧するまでは給水車などから運ぶ

給水拠点や給水車から水を得ます。ポリタンクや2ℓペットボトルがあればそれに水を入れますが、なければ段ボール箱やバケツに大きめのポリ袋を二重にしてかぶせ、水を入れて縛ると◎。

災害等で断水したときに水を配る、災害時給水ステーションのマーク（東京都）。

出典：東京都水道局ウェブサイト

② 食事問題

カセットコンロが大活躍！

発災直後は混乱のピークで調理する余裕はありませんが、少し落ち着いてくると温かいものが食べたくなります。カセットコンロがあれば調理できますし、お湯も沸かせます。カセットボンベ１本で約60分使用できます。

　家屋倒壊の恐れがなく、火災など二次災害の心配もなければ、住み慣れた自宅で過ごすのが人も鳥もストレスが少なくベストな方法です。避難所に入れる人数は限られていますし動物が苦手な人や動物アレルギーの人もいます。鳥も近くに犬や猫がいる生活だと落ち着かないでしょう。

　電気やガス、水道などのライフラインが止まっているときは上記の方法でしのぎましょう。カセットボンベや飲み水の備蓄があると助かります。救援物資は避難所で入手しながら生活します。

POINT

建物の被害が少なければ人も鳥も自宅で避難生活を送るのがベスト。避難所で物資や情報を得ながら過ごそう。

③ トイレ問題

排水できるなら水で流す。排水できないときはゴミとして処分

災害時、マンションでトイレの水を流すと損害賠償に？

排水管の安全が確認されるまではトイレで水を流してはダメ。特にマンションの場合、上の階の人が排水したことで下の階に水漏れが発生し損害賠償を請求される恐れが。確認が取れない段階では排水しない方法で処理して。

排水できるとき

断水していても排水できる場合は、バケツ１杯分の水で排泄物を流すことが可能。排水管が破損していないか確認してから使用します。洗い物などに使用した水を再利用します。

排水できないとき

便器の中にポリ袋をかぶせ、水分などを吸収させるため新聞紙などを丸めて入れます。使用後はポリ袋を縛って排泄物を捨てます。段ボール箱やバケツを便器代わりに使用しても。

避難所で必ず登録を

在宅避難でも救援物資や情報は避難所で得る必要があります。そのため最寄りの避難所で早めに避難者としての登録をします。避難所と違って情報が自然には伝わらないので積極的に避難所に顔を出し情報収集しましょう。獣医師会による巡回診療も見逃さないで。鳥のためにも積極的に周りと関わりましょう。

ライフライン復旧の目安

	東日本大震災（2011年）	阪神淡路大震災（1995年）
電気	6日	2日
水道	24日	37日
ガス	34日	61日

電気は比較的早く復旧します。ガスは遅いので調理のためにカセットコンロがあると◎。冬場はガスストーブ以外の暖房器具があると助かります。

CASE 2

家に鳥を置き、お世話に通う

人は避難所、鳥は家

POINT

飼い主さんは避難所等で寝起きし、鳥は自宅に置いて毎日お世話をしに通うという方法もある。

ライフライン等の問題で自宅は人が暮らしづらい場合も、自宅建物の被害が少なければ鳥は自宅に置き、飼い主さんが避難所から毎日お世話に通うという方法があります。鳥にとってはストレスの少ない次善策ですし、飼い主さんも周りの人を気にせずに済みます。また避難所がペット不可の場合、この方法を取らざるを得ません。

自宅に鳥を置くのは無理でも、被害の少なかった知人宅やペット仲間宅に鳥を置かせてもらい、お世話に通うという方法もあります。

家に鳥を置くときの注意点

レースカーテンを閉めてガムテープで端を留める

余震などで窓ガラスが割れたときに、カーテンで破片の飛散と鳥の脱走を防ぎます。

壊れた窓などは補修

段ボールや板、ビニールシートなどで壊れた部分を塞ぎます。野鳥や野良猫の侵入、鳥の脱走を防ぎます。

必要な物資を運ぶ

鳥用の飲み水などが必要です。自宅に備蓄があるのが一番ですが、なければ入手してお世話に通います。

知人宅に鳥を置かせてもらう方法も

他の動物とは部屋を分ける

犬猫と同じ部屋だと事故が起きるリスクが。同じ部屋に入れざるを得ない場合は各々ケージに入れて。

ドアや窓の開け閉めに注意

鳥が外に飛び出してしまったら大変。ケージのロックはもちろん、ドアや窓の開け閉めには十分注意を。

いつものケージなら安心

鳥がいつも入っているケージなら安心して過ごせます。放鳥しなくても運動不足になる心配はほとんどありません。

➡ P.83 長期間、放鳥できなくて大丈夫？

家主には十分にお礼を

困ったときはお互い様ですが、好意に甘えっぱなしはだめ。会うたびに挨拶とお礼はもちろん、何か迷惑をかけていないか、協力できることはないかなどの気遣いもしたいもの。

自分のペットだけでなく他のペットも気にかける

家主のペットや他の飼い主のペットがいるときは、他のペットも気にかけましょう。避難所での「飼い主の会」（P.82参照）のように協力しあえると◎。

マンションの住人は避難所に入れない？

避難所は全被災者を収容できる容量がありません。そのため、比較的耐震性が高いマンション（鉄筋コンクリート造等）に暮らす人は、避難所に行っても在宅避難を求められることがあります。木造住宅のほうが耐震性も耐火性も弱いため仕方ない面はあるものの、マンション住人は建物が無事なら部屋がめちゃくちゃでもライフラインが止まっていても在宅避難するしかない場合があるということ。そのつもりで災害に備えましょう。在宅避難を基本方針とする自治体もあります。

CASE 3 鳥を受け入れてもらうには

人も鳥も避難所

鳥連れで避難所で暮らしたくとも、その避難所がペット可でなければ鳥連れでは入れません。そもそもペットを受け入れるかどうかの方針が決まっていない避難所も多く、災害時の混乱のなかでバタバタと決まっていくこともありますし、飼い主のマナー違反が原因で「やっぱりペットはダメ」となる残念なケースも。そういう意味では、避難所でペットと暮らせるかどうかは飼い主の態度にかかっているともいえます。いずれにしても避難所の運営者と冷静に話し合えるとよいでしょう。

POINT

あくまで人優先の避難所にペットを受け入れてもらうためには、飼い主のマナー徹底が不可欠だ。

① ペット可の避難所かどうか

東京都渋谷区のように、ペットとの同行避難が全避難所で可能という方針を打ち出している自治体もありますが、運営者の方針でペット不可としているところや、そもそもペットの受け入れについて何も検討していないところもあります。そうしたところは災害時の混乱のなかで受け入れの可否がバタバタと決まっていくこともあります。いざというとき慌てないために、自分の地域の避難所がどういった方針をもっているのか調べてみましょう。何も方針がないなら飼い主として検討を求めることが議論のきっかけになるかもしれません。

避難所でのペット受け入れ方針の有無

(2016年熊本地震、ある自治体の例)

あり	25%
なし	75%

各避難所がペットを受け入れるか否かが決まっていないところも多い。

＊環境省「熊本地震における被災動物対応記録集」より

「ペット同行避難の原則」を主張するのは有効？

ペットとの同行避難は国が示したガイドラインですが、法律ではなく強制力はありません。ですが避難所運営者も知らないことがあるため、こういった指針があることを伝えてみるのもひとつの手でしょう。熊本地震では熊本市災害対策本部から各避難所へ説明し、ペット可になったケースもあります。

② マナー違反が原因でペット不可になることも

せっかく避難所にペットと一緒に入れたのに、飼い主のマナー違反で周りの反感を買い、「やはりペットは不可」となってしまうことも実際にあります。例えば、ノーリードで犬を避難所内に離した飼い主がいたために、その飼い主だけでなく他の飼い主も全員避難所からの退出を命じられたという残念なケースも。マナー違反は自分だけでなく、他の飼い主にも多大な迷惑をかける原因になりうるのです。避難所はあくまで人優先の場所。動物アレルギーや動物が苦手な人もいることを念頭に行動しましょう。

ペットのマナー違反実例

ペットは飼育スペースと決められていたにも関わらず一般のスペースに連れ込んだり、排泄物を片付けず放置する、乳幼児のそばで犬を散歩させるなどの例が。「飼い主の会」(P.82参照) を作るなどして飼い主同士でも注意しあいたいものです。

避難所にペットを入れてほしくないと思う理由

*内閣府「平成28年度 避難所における被災者支援に関する実例等報告書」より

1. ニオイ …… 79.9%
2. 鳴き声含む騒音 …… 77.6%
3. ペットアレルギー …… 56.7%
4. 動物が怖い …… 23.9%

被災者は「お客様」ではありません

「避難所に行きさえすれば行政が何とかしてくれる」というのは間違いです。役所や避難所の責任者も被災しているなかで避難所を開設・運営するのですから、お客様感覚ではいけません。受付や炊き出しなど、できる範囲で仕事を手伝いましょう。避難所では他の人のスペースに立ち入ったり、覗いたり、大声を上げるなどはマナー違反。要配慮者（高齢者・妊婦・子ども・外国人など）への気配りも必要です。

CASE 3 人も鳥も避難所

避難所でのお世話のコツ

サッカーゴールを使った雨避け

同行避難をしても、室内は人でいっぱいでペットは屋外に置かなければならない場合も考えられます。自転車置き場や渡り廊下など屋根のある場所に置ければよいですが、それもできないときはサッカーゴールにブルーシートをかぶせて屋根を作ります。

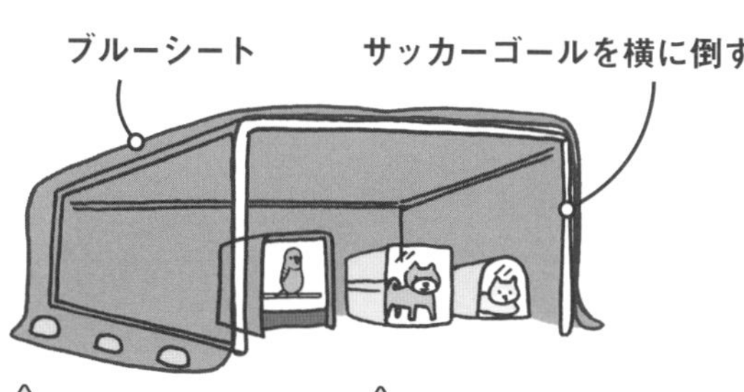

強風・豪雨時には不向き

サッカーゴールは必ず横に倒して使用。その際、足の上に落としたり手を挟むなどの事故には十分注意

野鳥との接触を避ける

野鳥と接触すると病気に感染するリスクが。ケージを段ボールなどで必ず覆いましょう。

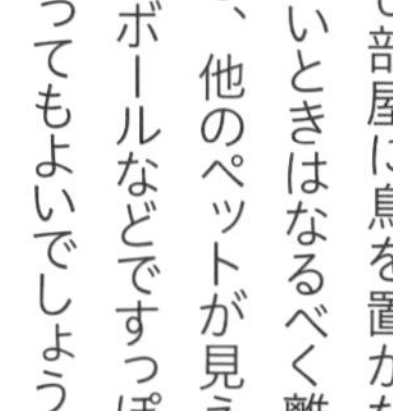

避難所では鳥の脱走リスクが高まるので、外から設置できるエサ入れを利用するなどの工夫を。ケージの扉を開けなければいけないときは薄手の布をケージにかぶせると◎。万一出てしまっても布で脱走を防ぐことができます。またケージの扉は上下にスライドするタイプのほうが大きく開かずに済みます。

犬猫と同じ部屋に鳥を置かなければいけないときはなるべく離れた場所にし、他のペットが見えないように段ボールなどですっぽり囲ってしまってもよいでしょう。

POINT

避難所でのペットの居場所は屋外だったり、見知らぬペットと隣同士だったり。ストレスを減らす工夫を。

お世話は脱走防止を第一に

子ども向けの張り紙

子どもたちが鳥に触ろうとしたり、雑草をあげようとすることも。子どもに読めるよう平仮名やカタカナで張り紙を作ります。

鳥と飼い主の情報を明示

何かあったときにすぐ連絡が来るよう、自分の名前や電話番号、寝起きしている部屋などのメモを貼っておきます。

段ボールなどで覆う

エサや羽毛の飛び散り防止、また鳥のストレス軽減のためケージを覆います。

扉をロック

最も怖いのは脱走。子どもたちが扉を開けてしまわないようカギ付きのロックを付けてもよいでしょう。

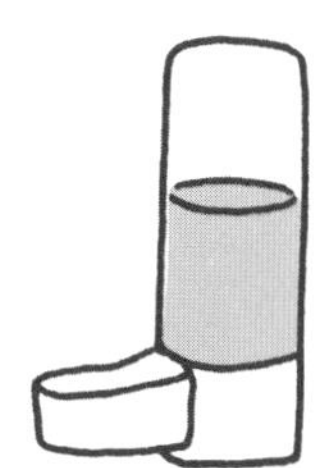

外から設置できる水入れやフタ付きエサ入れが◎

ケージをなるべく開けなくて済むよう、網の間から入れられる容器が便利。フタ付きエサ入れは飛び散り防止に◎。

スライド式の扉が◎

手前に大きく開くタイプよりも、上下にスライドする扉のほうが脱走リスクが少ない。

脱走リスクを減らすお世話方法

扉を開けるときは大判の布をケージにかぶせ、手だけを入れて作業すると◎。扉から鳥が出てしまっても布で防げます。薄手の布なら透けて見えるので作業しやすい。

《 食欲のない鳥には食欲のある鳥を見せる 》

環境の変化によるストレスで食欲が落ちる鳥もいるでしょう。そんなとき、群れで暮らす鳥は仲間が食べている姿に刺激されて食べることも。他の鳥のケージが見えるようにしたり、飼い主さんが鳥の前で何かを食べて見せることで食欲が回復することもあるでしょう。改善しないときは獣医師に相談を。

《 退屈解消にフォージングやおもちゃを 》

避難生活では自宅の片付けなどで鳥とふれあう時間もなかなかとれません。ケージの中で鳥がひとりで遊べるようおもちゃを入れたり、エサを紙でくるんだフォージングトイを作ったりしてみて。鳥に与えられる野草をエンリッチメントとして与えるのも◎。

➡ P.91 見分けられるなら野草も与えられる

「飼い主の会」を作ろう

飼い主が一致団結することも大切。代表者を決めれば、避難所運営者との話し合い等もスムーズになります。ペット用の救援物資や獣医師会による巡回診療などの情報も伝わりやすくなるでしょう。自宅の片付けなどで避難所を留守にする状況もありますから、その間は互いに給餌などのお世話を引き受けるなど協力しあいましょう。飼育場所の清掃を分担するなどもよいでしょう。

Check しよう!

獣医師会による巡回診療を見逃すな

日本獣医師会によるガイドラインには、発災から48時間以内に動物救援本部を立ち上げ、72時間以内に巡回動物診療班を編成し避難所への派遣を目指すと設定されています。過去の災害では巡回診療は週に1回行われることが多いよう。また動物病院でも無料の健康相談が実施されることがあります。こうした情報は避難所の掲示板で告知されたりラジオで流れるのでチェックを。

夜間にパニックになりやすい鳥にはミニライトを

鳥のパニックは暗闇で起こりがち。ケージの中に小さいライトを入れてパニックを防ぎましょう。他のペットがまぶしくないように、ケージは段ボールなどで囲い明かりが漏れないようにして。

Q 長期間、放鳥できなくて大丈夫?

A 放鳥できないと鳥は不満かもしれませんが、避難所での放鳥は脱走のリスクがありますし他の人やペットに迷惑がかかります。フライトスーツを着けてもNG。数か月放鳥できなくても運動不足による筋肉の衰えは哺乳類ほど起こらないと考えられています。どうしても放鳥したければ壊れた自宅を補修する、テント内で放鳥するなど工夫して。

➡ P.85
テントやソフトケージがあれば放鳥もできる

Q 日光浴できないときは紫外線ライトが必要?

A ビタミンDを補給できるサプリメントを与えていれば紫外線ライトは必要ありません。避難所でも部屋の中で日光が当たる場所にケージを置く、天気のよい日はキャリーケースに入れて屋外に連れて行くなどして日光浴させることができるでしょう。暑くなりすぎたり、野良猫に襲われる危険がないよう注意しながら行って。

3 避難生活
避難所でのお世話のコツ

CASE 4 車やテントで過ごす

人も鳥も車中泊、テント泊

避難所ではペットは人が寝起きする場所とは異なるスペースに置くことがほとんど。そのためペットと一緒に過ごせる車避難やテント避難を選ぶ飼い主さんも多いものです。車中泊用のグッズやアウトドアグッズを揃えておくと便利でしょう。いずれも、いきなり災害時に使おうと思っても無理。レジャーとして車中泊やテント泊を経験したうえでグッズを揃えるとよいでしょう。災害時にテントで過ごすことを想定したワークショップや防災キャンプなら初心者でも楽しく学べます。

車避難

熱中症に注意！

エアコンを切った車中は真夏だと50℃以上にもなりますし、春や秋でも温かい日は高温になります。エアコンを切って鳥を放置しないで。

遮光シェードで日避けと目隠し

プライバシーを守る目隠しとして。車の屋根を覆うタイプのシェードは暑さ対策になります。車用の網戸もあれば外気を取り入れるのに役立ちます。

エコノミークラス症候群に注意

車中泊で座ったまま眠るとなりやすいので要注意。防ぐためには長時間座った姿勢でいるのを避け、こまめに水分補給を行うこと。なるべく足を上げた状態にするのも有効です。

運転中はケージを固定

後部座席の足元にケージを置き、隙間をタオルなどで埋めて固定するのがよい方法。停車中は座席の上でもよいでしょう。

POINT

車やテントは鳥と一緒に過ごせるのがメリット。空調が使える車は夏場や冬場は強い味方になる。

テント避難

テント内に吊るせば保温にもなる

ランタンなどを吊るす場所に鳥かごを吊るせば、高い場所なので温かい空気が溜まります。

寝袋

複数で入れるタイプも。冬場は互いに温まれます。テントと一緒に用意しておきたい。

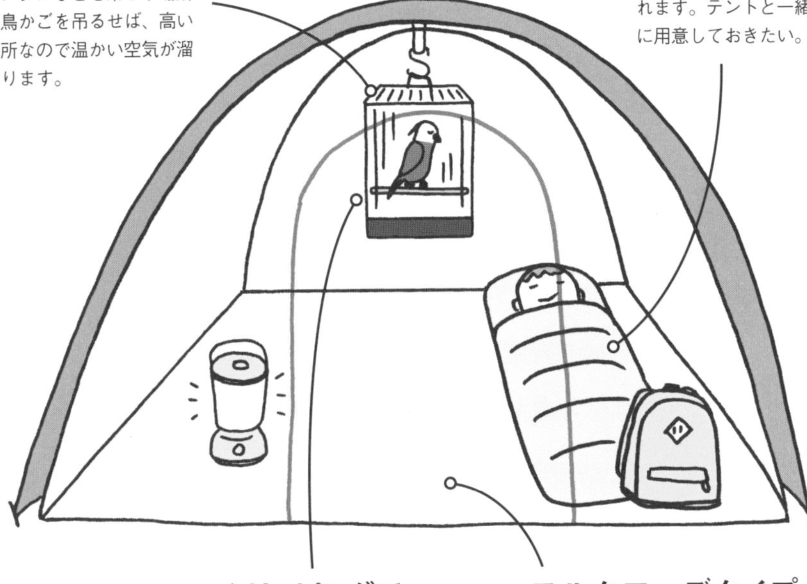

クリッピングで脱走リスクを減らす

屋外でのテント避難は脱走リスクが高いのが難点。羽根をクリッピングするのも手です。

フルクローズタイプで脱走防止

ファスナーで閉め切ることのできるテントなら鳥の脱走を予防できます。ただし全部を閉めると夏場は熱がこもりやすくなります。

テントやソフトケージがあれば放鳥もできる

自宅の損傷が激しく簡単には補修できないときも、テントがあればテントの中で鳥を放鳥できます。室内にテントを張り、鳥かごをテント内に置くことで脱走対策にも。よりコンパクトな犬猫用のソフトケージも似た使い方ができます。

テントは屋内でも活躍

避難所の体育館などにテントを張ることでプライバシー空間を保てます。着替えなどもしやすくなります。

CASE 5

鳥をあずける

どうしてもお世話できなければ

信頼できる動物病院にあずけることができれば、避難所で暮らすより鳥のストレスは少ないでしょう。体調が悪くなればすぐに診てもらえるというメリットもあります。ただ、動物病院やペットホテルは災害時すぐに満室になることが予想されます。

避難生活が長期化する場合、遠方の知人や親戚に鳥をあずけられると助かります。いざというときのために鳥のあずけ先を平時に探し、約束しておくとよいでしょう。鳥の飼育経験がある人がベターです。

POINT

いざというとき、鳥をあずけられる知人や親戚を確保しておこう。できれば鳥の飼育経験のある人が望ましい。

① 動物病院やペットホテルにあずける

かかりつけの動物病院やよく利用しているペットホテルにあずけることができれば、避難所で過ごすより鳥のストレスは少ないでしょう。動物病院は具合が悪くなったときもすぐに治療してもらえるので安心です。もちろん入院費や治療費はかかります。

MEMO ホテル避難もあり！

台風などあらかじめ予想できる災害の場合、被害の心配のないペットホテルに鳥をあずけ、自分はホテルに宿泊するといった避難方法もあり。ペット可ペンションに鳥と一緒に泊まるのも手です。

➡ P.34 避難所以外の避難先を想定する

② 知人や親戚にあずける

避難生活が長期化する場合、生活を立て直すまで鳥をあずかってくれる知人や親戚がいると安心。平時にあらかじめ約束をしておきましょう。与えるエサなど飼育方法をわかりやすく伝え、かかった費用は基本的に飼い主さんが負担します。鳥の飼育経験のない人はうっかり脱走させてしまうことも多いため、脱走防止策も伝えましょう。

③ ボランティアにあずける

災害が起きると、自治体や獣医師会による現地動物災害救援本部が被災ペットの救護・保護を行うことになっています。ただ、あずかるのは犬猫が中心で鳥をあずけることはできない恐れが。民間の動物愛護団体やボランティアさんにあずかってもらうほうが現実的かもしれません。いずれの場合もあとでトラブルにならないために、あずかりの条件、期間、費用等を確認し、覚書を交わしておくようにしましょう。

被災後、生活再建が叶わなければ新しい飼い主探しをする選択肢も

一時的に鳥を人にあずけたとしても、飼い主さんが生活再建して再び一緒に暮らせるようになるのがもちろんベストです。しかし、生活再建がなかなかできず何年もあずけたままの状態が続くなら、鳥のために新しい飼い主探しを決断したほうがよい場合もあるでしょう。自分で新しい飼い主を探すときは、身元は確かな人か、生涯きちんと面倒を見てくれる人か見極めましょう。なかには里親詐欺のような人もいるので安易に渡してはいけません。愛護団体などに飼い主探しを託すときは、鳥の所有権を放棄します。

エサがないときの非常食

生米

インコやフィンチに最も多く必要なのは穀類。粘り気のある食べ物は消化器官に悪影響があるため、炊いた米をそのまま与えるのはNG。天日干しやレンジで加熱し乾燥させてから与えます。玄米もOKです。

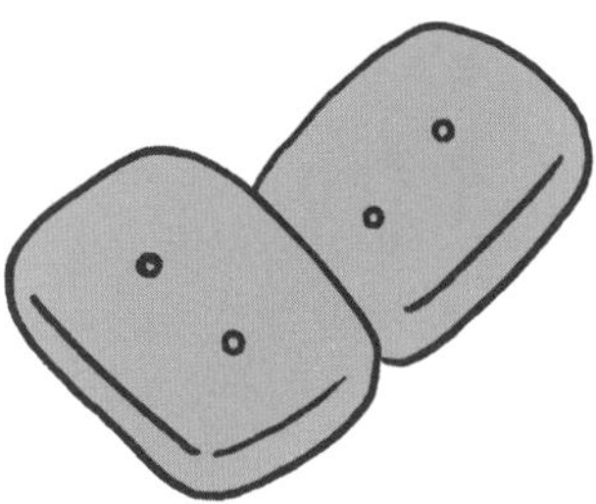

乾パン

非常食の乾パンを小さく砕いて与えてもOK。普通のパンなら小さくカットし、天日干しやレンジで加熱・乾燥させてから与えます。

雑穀

アワ、ヒエ、キビなどは鳥用シードにも入っているものなので安心です。米と同じく炊かずに与えます。ゴマも与えられます。

クッキー、ビスケット

表面に付いている塩や砂糖はなるべく落としてから小さく砕いて与えます。加熱して乾燥させ、なるべく固くすると◎。

POINT

鳥のエサが持ち出せず、すぐに入手もできないときは、人用の非常食からこれらの食べ物を与えよう。

鳥のエサを自宅から持ち出せず、店や動物病院でも入手できないときは、代わりのものをあげるしかありません。鳥は食いだめができず、半日ほどの絶食で命を落とすこともあります。特に肥満の鳥は絶食すると急性の肝リピドーシスを発症し突然死することが。人間の食べ物を長期間与え続けるのはもちろんよくありませんが、非常時は仕方のないこと。見慣れないものだと鳥が食べないことがあるので、小さく砕いて手で渡すなど工夫して。なるべく早く鳥用のエサを入手しましょう。

クルトン

脂質多めですが非常時はOK。パンを小さくカットしフライパンで油をひかずに炒めカリカリにしたものも与えられます。

なるほど〜

ドライフルーツ

人間用のドライフルーツや乾燥野菜は鳥にも与えられます。缶詰のフルーツも非常時ならOK。

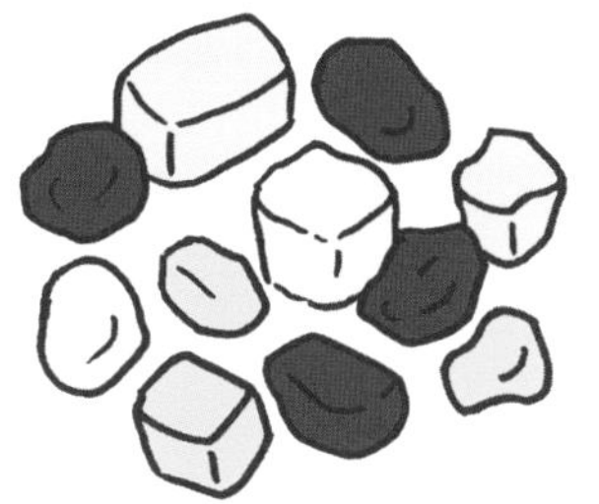

落花生

加熱した豆類も与えられます。ヒマワリの種やカボチャの種、クルミ、ピスタチオ、マカダミアナッツ、アーモンドなどもOK。ただし脂肪分が多いのが難点です。生のカボチャから種を取り出しレンジなどで加熱したものも与えられます。

ヨーグルト

無糖のプレーンヨーグルトが◎。ヨーグルトを食べ慣れていない鳥は少量から与えます。塩分の入っていないカッテージチーズも与えられます。

危険な食べ物を知っておこう

人間には無害でも鳥が食べると命に関わる食べ物があります。人間の食べ物をやむをえず鳥に与えるときも、これらのものが含まれているものはNG。例えばチョコレートクッキーなどです。お菓子などの加工食品は成分表をよく確認しましょう。

- ✖チョコレート
- ✖ココア
- ✖コーヒー
- ✖ネギ類
- ✖アボカド
- ✖アルコール

鳥のための家庭菜園

小鳥のための栽培セット

キビやチンゲン菜、小松菜、ブロッコリーなどの若葉を育てる鳥用の栽培セットが市販されています。

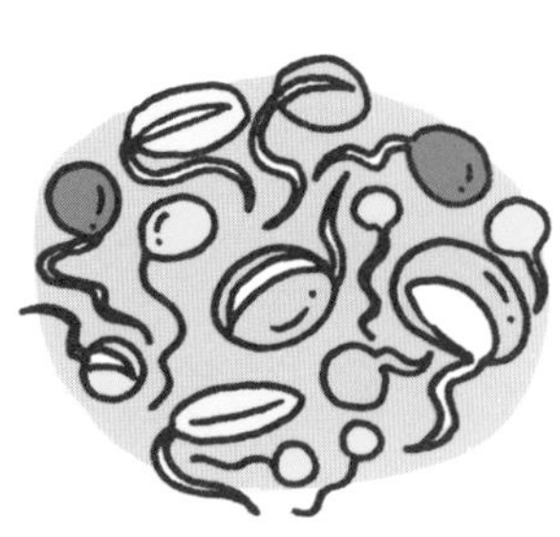

発芽シード

鳥用のシードを水に浸して発芽させる食べさせ方があります。発芽専用シードが市販されていますが、普通のシードで試してみても。数時間おきに水ですすぐなど栽培にコツがあります。

バジルなどのハーブ

バジルなどは栽培が簡単。温かい季節なら種をまいて水さえ与えておけば発芽します。たくさん収穫できたら乾燥させて保存しても。

災害時は新鮮な野菜がなかなか手に入らず、人も鳥も野菜不足になりがち。鳥にサプリメントを与えていればビタミンやミネラルが不足することはありませんが、簡単に育てられる野菜があれば鳥に楽しみを与えられますし、人も野菜不足を解消できます。栽培しやすい植物の種や栽培セットを平時に用意しておくのもよいでしょう。

鳥に与えられる野草もありますが、毒のある草もあるため、見分ける自信がなければやめておきましょう。

POINT

災害時は野菜不足になりがち。簡単に育てられる野菜があれば鳥に栄養と楽しみを与えられる。

《 再生栽培もおすすめ 》

これなら簡単！

生の野菜が入手できたらそのまま捨てるのはもったいない。ぜひ再生栽培をしましょう。豆苗の根の部分、ニンジンの頭の部分を水に浸して葉を再生させます。豆苗の豆の部分は食用に適さないため、鳥に与えるときは切り取って与えます。大根やカブの葉も与えてOKです。

見分けられるなら野草も与えられる

ハコベなどの野草を鳥に与えることができます。農薬や排気ガスに汚染されていない場所に生えているものを水洗いしてから与えます。ただし毒性のある草もあるため、植物の見分けに自信がなければやめておくほうが◎。撮影した写真で植物名を教えてくれるアプリなども参考にできます。

与えられる野草

- エノコログサ
- イヌビエ
- ハコベ
- カラスムギ
- タンポポ
- セイバンモロコシ
- スズメノカタビラ
- シロツメグサ
- ナズナ
- オオバコ

写真で植物名を
教えてくれる植物図鑑
アプリも参考にできる！

寒さ対策、暑さ対策

小さいプラケースに入れる

プラケースの幅は鳥の体長の1.5倍ほどがベスト。空間が小さいほど効率よく温められます。底にキッチンペーパーや新聞紙を敷きます。

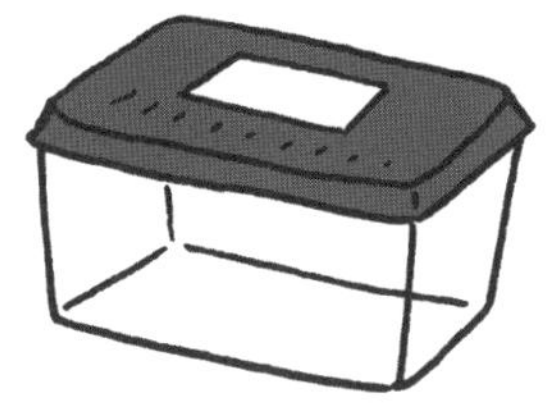

乾電池式のカイロもおすすめ

使い捨てのカイロは10時間ほどで温度が下がります。乾電池式のカイロなら乾電池を取り換えればずっと使えます。充電式は停電時に使えなくなるので注意。

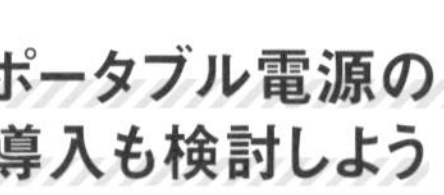

ポータブル電源の導入も検討しよう

ポータブル電源があれば普段の鳥用ヒーターが使えます。ソーラーパネルでくり返し充電できるものもあります。

POINT

停電時は寒さや暑さが鳥の命を奪うことも。カイロや瞬間冷却剤、ポータブル電源などで備えよう。

災害時は停電で暖房やクーラーが使えないことが想定されます。電気の復旧は比較的早いものの（75ページ参照）、それまでの間寒さや暑さをどうするかは大きな課題。特に熱帯出身の鳥は寒さに弱く、寒い時期に保温できないと命に関わります。ここではカイロを使った保温方法を紹介していますが、ポータブル電源を購入していつもの鳥用ヒーターを使えるようにすることも検討を。

自家用車があってガソリンも問題なく入手できるなら、空調をかけた車の中で過ごすのも手です。

停電時の保温の仕方

温度計でつねにチェック

プラケース内にセンサーを入れてチェック。一定時間内の最高温度と最低温度がわかる最高最低温度計だとなお◎。28～30℃を保ち、鳥が暑がったら下げます。

エサと水を入れる

容器を側面や底にテープで貼って固定。エサは底にばらまいてもOKです。

カイロはプラケースの外側、側面に

底面に貼ると低温やけどの恐れがあります。カイロの数は温度計を見ながら調節します。カイロがなければガスコンロでお湯を沸かし、湯たんぽを作ってプラケースの横や上に置いても。

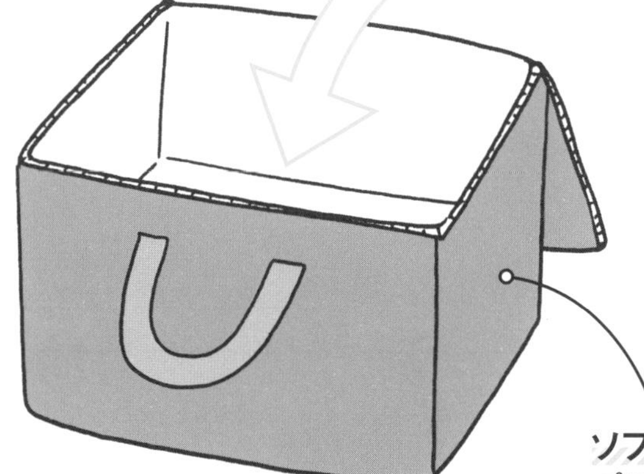

ソフトクーラーボックスにプラケースを入れる

アルミシートで覆われたクーラーボックスは保冷だけでなく保温もできます。温度計はボックスの外に出しチェック。クーラーボックスがないときはエマージェンシーシートやプチプチ（緩衝材）で包みます。

⚠

密閉はしないこと

使い捨てカイロは鉄粉が酸化することで発熱します。酸素を使うため密閉すると鳥が酸欠になる恐れが。カイロの周りを完全に閉めなければ大丈夫です。

➡ P.66 膨羽の応急処置

停電時の暑さ対策

瞬間冷却剤をケージに乗せる

冷気は上から下に降りるためケージの上に乗せます。見慣れないもので鳥が驚くときは、ケージの上に新聞紙などを敷いてその上に乗せます。計画停電で電気が使える時間帯があるときは、冷凍庫で保冷剤を冷やします。

水浴び容器を設置

水浴びで体温調節してもらいます。暑いからといって冷水にするのはNG。

ケージを覆うときは通気性のよい布など

避難所生活でケージを覆う必要のある場合は、なるべく通気性のある蚊帳生地やリネン、ガーゼ、新聞紙が◎。

なるべく低層階に置く

屋根が太陽の直射日光を受けるため、夏は上層階に行くほど暑くなります。

プラケースで冷やす

P.93の応用で、カイロを保冷剤や瞬間冷却剤に替えても。ソフトクーラーボックスも利用して涼しさをキープ。冷やしすぎないよう、必ず温度計でチェックしながら行います。

風通しをよくする

対角線上のドアや窓を開けると空気が通り抜けやすくなります。空気が入って来る側は小さく開けたほうが風の勢いが強まります。

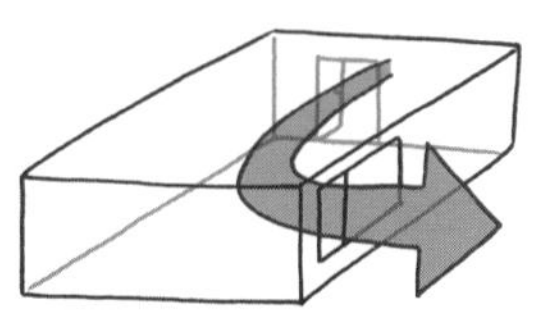

➡ P.67 熱中症の応急処置

網戸がないときは遮光ネットなどを利用

避難所が古い校舎だったりすると網戸がないことも。換気のために窓を開けると野鳥や野良猫が入ってくるリスクがあります。窓枠に遮光ネットや洗濯ネットを張り付けるなどして防いで。

人間の暑さ・寒さ対策

首の後ろを冷やす

太い血管が通っている首や脇の下を保冷剤などで冷やすと効果的に体温を下げることができます。冷却ジェルシートを貼るのも◎。

暑さ対策

屋外では帽子や日傘で日差しを防ぎます。脱水状態にならないように水分とミネラルをこまめに摂って。汗が出るたびに乾いた布ですぐ拭き取ると体温を下げられません。濡れタオルで拭くなどして皮膚を湿った状態にしておくと◎。乾電池式の扇風機もあると役立ちます。

下も上も大きく開いている服

ゆったりした服で体温を逃がします。シャツの裾もアウトに。ズボンもベルトではなくサスペンダーで吊るすと放熱しやすくなります。

インナーに綿はNG

綿の下着は汗を吸ったあと乾きづらく、水分を保つので冷えてしまいます。ウールや絹、吸水速乾の機能性インナーが◎。

寒さ対策

新聞紙は優秀な防寒グッズ。新聞紙をおなかに巻き上からラップを巻きつければ腹巻に。足先が冷えるときは2枚履き靴下の間に新聞紙を入れたり、丸めた新聞紙を入れたポリ袋の中に足を入れて温まっても。フリースやダウンジャケットは雨や雪、風が強い日の外着には適しません。風や水を通さないものを。

尾てい骨にカイロ

尾てい骨を温めると全身を温めることができます。

足先にアルミホイル

アルミホイルで足先を包むと保温できます。2枚重ねの靴下の間に入れると◎。歩きまわるとホイルがボロボロになるので就寝時などにおすすめ。

迷子になってしまったら

逃げた直後

窓辺にケージやおもちゃを置く

慣れ親しんでいるケージやおもちゃ、おやつなどに引き寄せられて鳥が戻ってくる可能性が。

出て行った窓などは開けておく

出て行った場所からまた戻ってくるかもしれません。防犯上問題がなければしばらく開けておきます。

迷子捜索は初動が肝心！逃げた直後は鳥の好物やプラケースを持ち、家の周りを回ってみて

災害時は鳥の脱走リスクが高まります。屋外に逃げた飼い鳥は、野鳥のように風に乗ってうまく飛ぶことができないため、疲れ果てて地面に落ちたりどこかのベランダに止まっていることが多いよう。そうしたときに誰かに保護されて発見につながります。そのため人馴れしている鳥は比較的発見されやすいでしょう。手乗りなどのトレーニングも有効です。

迷子になった鳥が見つかる確率は犬猫より低く、1割程度といわれます。そのため脱走防止に努めることが大前提です。

POINT

災害時に鳥を逃がしてしまったら、迷い鳥チラシなどで多くの人に周知しよう。SNSも活用して。

すぐに見つからなかった場合

1 関係各所に届け出る

保護されている可能性を考えて各所に届け出ましょう。迷い鳥チラシも一緒に提出すると鳥の特徴を伝えられます。発災直後は警察や保健所も混乱していて迷い鳥の確認まで手が回りませんが、体制が整い次第連絡をします。鳥が遠くに飛んでいく可能性を考えて、隣の自治体にも届け出を。

届け先

- □ 地域の交番、警察署
- □ 地域の保健所、生活衛生課管理係
- □ 地域の動物愛護センター
- □ 地域の動物病院
- □ 地域の清掃事務所
- □ 現地動物災害救援本部

2 迷い鳥チラシを作る

自分だけで探すのには限界があります。迷い鳥チラシを作って広く情報を募りましょう。失踪場所を中心に同心円状に貼っていきます。近所の動物病院や避難所の掲示板などにも貼らせてもらいましょう。近所の家のベランダやマンションの廊下などで見つかることも多いため、各戸にポスティングもします。

写真を大きく、文字を少なく

文章が多すぎると認識しにくく覚えにくくなってしまいます。

特徴がわかるカラー写真

顔や体色がわかるカラー写真が必須。モノクロの写真やチラシでは特徴が伝わりづらいですし注目度も下がります。

電話番号を必ず記載

メールを使い慣れない人もいるので電話番号が必須です。

＊P.96～99監修 PET RESCUE 藤原博史

3 捜索時の持ちもの

虫捕り網、タモ網

見つけた鳥を捕まえるためのもの。鳥が慣れているタオルや布もあると◎

双眼鏡

ベランダや電線の上、木の上などをチェックします。

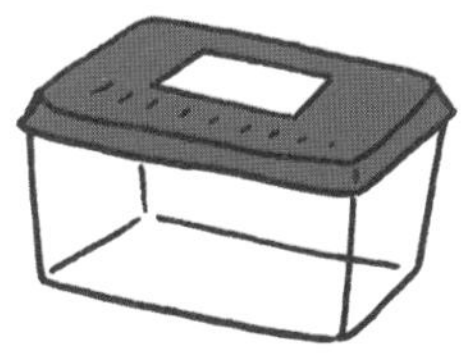

プラケース

保護できた鳥を入れます。段ボールでも可。

迷い鳥チラシ

あちこちに貼ったりポスティングしながら探します。道行く人に渡しても。

地図

マクロな視野をもつことが必要。捜索した場所やチラシを貼った場所は記入します。

スマートフォン

鳥の呼び鳴きの声をスピーカーで流します。同居鳥の声があればベストですが、なければYouTubeなどで見つけて。鳥が逃げた窓などから流すのも◎。

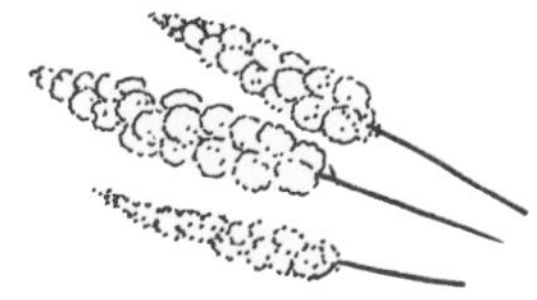

鳥の好物

鳥を発見したらエサを見せながらゆっくり近づきます。

4 見つけたときの捕まえ方

そっと近づき、名前を呼びながら手に乗せる

手乗りができる子であればこれが一番よい方法。手に乗ったらゆっくりタオルなどで包みプラケースに入れます。

虫捕り網やタモ網で捕まえる

近づくと逃げてしまう場合は虫取り網などを使います。枠が当たるとケガする恐れがあるので静かに動かします。

カゴやザルで捕まえる

エサをまいた場所にカゴを棒で立て、鳥が食べに来たら棒を引っ張ってカゴを落とす方法。鳥がケガしないよう軽いカゴを使用します。

迷い鳥情報サイト

□ いんこだより	https://inkosuki.info/comu/maigo-itiran
□ ペットのきもち	https://petmaigo.net/maigo/bird
□ LOSTPET.JP	https://lostpet.jp/case/:bird　　など

　鳥の姿が見えない場合は、ひとりで長期間探し回ってもあまり意味がありません。迷い鳥チラシをあちこちに貼らせてもらったり、迷い鳥情報サイトに投稿するなどして、多くの目で探すほうが効果的です。

　目撃情報が得られたら現地に行って確認します。しかし鳥の場合、飛んで移動してしまうので一か所に集中しすぎないことも大切。鳥は仲間を求める性質があるため、鳥のいるペットショップや鳥を飼っている小学校などにもチラシを貼らせてもらえると◎。

　発見したら名前を呼びながらゆっくりと近づきます。マンションのエントランスなど、囲われている場所に誘導できると保護しやすくなります。

生活を再建する

まずは「り災証明書」を取得

《 認定区分 》

	損壊割合	損害割合
全壊	70%以上	50%以上
大規模半壊	50～70%	40～50%
中規模半壊	30～50%	30～40%
半壊	20～30%	20～30%
準半壊	10～20%	10～20%
一部損壊	10%未満	10%未満

＊「損壊」とは文字通り住家の損壊、消失、流失のこと。
「損害」とは施工価格など経済的被害を指します。

「り災証明」とは、災害で被災した家屋の被害程度を市区町村が調査し公的に証明するもの。各種の被災者支援制度や給付金を受けるとき、仮設住宅へ入居申請をする場合などに必要になります。被害程度を記録しておくために、片付ける前に写真撮影を。調査前に自宅を修繕する場合は見積書や領収書も保管しておきます。

被災後は生活再建に向けて歩き出さなければなりません。避難先で生活しつつも自宅の片付けを始めるなど、**愛鳥のためにも1日も早く日常を取り戻しましょう。**

発災後しばらくすると**生活再建に関して相談できる窓口が役所などに設けられます。**フリーダイヤルで電話相談できる場合も。何から取り掛かればいいかわからないときも、話を聞いてもらうことで頭が整理できることが多いものです。ボランティアの手を借りたいときは災害ボランティアセンターに相談します。

POINT

ボランティアの手や経済支援制度も利用しながら、生活再建に取り組もう。愛鳥との日常を取り戻そう。

さまざまな経済支援制度を利用しよう

被災者にはさまざまな経済支援制度が用意されているので、利用しない手はありません。利用するために必要な「り災証明書」を取得したうえ、よく調べて支援を受けましょう。地震保険や自然災害共済に加入している人はその保険金や補償も受けられます。
現金が必要なのに貯金通帳やキャッシュカードを紛失してしまった場合、運転免許などの本人確認書類があれば銀行で窓口対応してくれる場合があります。一部破損した紙幣でも一定の条件を満たせば銀行で半額〜全額に換金してくれます。

災害弔慰金（ちょうい）・災害障害見舞金

災害によって亡くなられた方や行方不明になられた方の家族は災害弔慰金を受け取ることができます（生計維持者が亡くなった場合は最大500万円）。負傷・疾病で重度の障害を負ってしまった場合には災害障害見舞金を受け取ることができます。

被災者生活再建支援金

災害によって住んでいる家が全壊するなど、生活基盤に著しい被害を受けた世帯に対して支給される支援金。住宅の被害状況などに応じて最大300万円。

災害援護資金・生活復興支援資金

世帯主の負傷や住宅全半壊などの場合、最大350万円の貸付が受けられます。また低所得世帯にはしばらくの間の生活費や転居費など生活再建のための支援金の貸付が受けられます。

災害復興住宅融資・住宅ローン控除の継続

被災住宅の補修や住宅建設・購入のために、最長35年、全期間固定金利の低利融資を受けられます。また、住宅ローン減税の適用中に災害で自宅を失った場合、継続して適用を受けられます。

自然災害による被災者の債務整理

ローン返済中に自然災害に遭った場合の措置として2016年から始まったもの。一定の条件を満たせば、生活再建に必要な現預金最大500万円程度を手元に残し、残りでローンの一部を返済、返済しきれない残りのローンは減免されるというシステム。個人信用情報に登録されないため、新たな借り入れがしやすく生活再建がしやすい、自己破産より多くの現預金を手元に残せるなどのメリットがあります。

＊2023年1月現在のデータです。

仮設住宅は2種類ある

	応急仮設住宅	みなし仮設住宅
どんなもの?	被災地近くに新たに建設される住宅	民間の賃貸物件などを借り上げて被災者に提供される住宅
家　賃	各自治体が負担（光熱費などは被災者が負担する）	各自治体が負担。ただし規定の家賃内の物件に限られる（熊本地震での熊本県の場合、原則６万円以下）
広　さ	1戸当たり平均９坪（家族構成に応じて6坪、12坪の３タイプあり）	規定の家賃内であれば自由
場　所	被災地のそば	被災地から離れた場所のことが多い
期　間	原則、完成から最長２年３か月	原則、最長2年
ペットの同居	ペット可が増えているが現状まだ少ない	その物件がもともとペット可でなければ、ペット飼育は不可

仮設住宅で鳥と暮らす

自宅が損壊して修繕に時間が必要な場合や、新しい住まいを得るのに時間がかかる場合は仮設住宅に移り住みます。上記のように仮設住宅は2種類あり、ペットと一緒に暮らせる可能性が高いのは応急仮設住宅。発災後数か月で完成します。しかし希望者に対して数が少なく、抽選で外れると入居できないため、できれば他に身を寄せる場所を確保しておきたいもの。また入居できたとしても集合住宅のため、飼い主の会に入るなどのルールは順守する必要があります。

POINT

ペットと一緒に暮らせる仮設住宅は少ない。新しい住まいを見つけるか親戚宅などに身を寄せるのがベター。

column

人と鳥のPTSD

ＰＴＳＤとは、心的外傷後ストレス障害のこと。強いショックや精神的ストレスを受けた後、時間が経ってもその経験に対して強い恐怖を感じる状態のことです。辛い体験をすると誰でも眠れなくなったりするものですが、それが何か月も続く場合はＰＴＳＤと診断されます。災害時は不眠やうつ症状、食欲不振などの症状が現れる人が少なくありません。辛いときは一人で我慢せず、専門家に相談しましょう。災害時は救護チームのなかにカウンセラーがいることもありますし、心療内科や地元の精神保健福祉センターに相談してもよいでしょう。

人と同様、鳥にもＰＴＳＤのような症状が出ることがあります。ただ鳥の場合、それが心的外傷のせいなのか、それとも被災後の生活の変化によるものなのかははっきりしません。いずれにせよストレスが原因でさまざまな不調を起こすことが知られています。オカメインコは環境の変化に弱くパニックを起こしやすいですし、セキセイは胃潰瘍、文鳥は緊張による発作を起こしがち。大型の鳥はこだわりが強く特定のエサ以外口にしないなどが想定されます。ほかに恐怖や不安、退屈などが原因で毛引きしたり、自分の皮膚や羽根を噛む鳥もいます。

一番大切なのは、飼い主さん自身が落ち着くことです。飼い主の不安や動揺は鳥に伝わってしまいます。発災直後は飼い主さん自身もパニックになっているかもしれませんが、鳥を守れるのは自分しかいないことを思い出しましょう。優しい言葉をくり返しかけてあげたり、なでてあげるなどのスキンシップも効果があります。群れで暮らす鳥はひとりぼっちを嫌がるため、他の鳥とケージを隣同士にするなども有効。たとえ相手が嫌いな鳥であっても、「いないよりマシ」と考えるのが鳥です。

また、どんな症状であるにせよ必ず獣医師の診察を受けるようにしてください。内科的な原因がある場合もありますし、精神的な原因だとしても薬やサプリメントで落ち着かせることができます。

守るべき者（ペット）がいることで踏ん張れたという声も、過去の災害の経験者から聞こえます。お互いに相手を癒やす存在として支えあうことができたら、厳しい状況も乗り越える力となることでしょう。

Point

- **精神的に辛い状況のときは専門家に相談を**
- **飼い主の不安はペットに伝染する**
- **ペットの症状は必ず獣医師に診せる**

Goods

鳥のために用意する 非常用グッズリスト

ほしいものは数多くあれど、すべてをいっぺんに持ち出すのは不可能。取捨選択して持ち出しグッズを揃えましょう。

同行避難用のアイテム

- □ 背負子
- □ ケージを覆う段ボールや新聞紙、風呂敷
- □ ケージの扉を留める針金など
- □ （大型鳥の場合）キャリーケース

鳥はできるだけケージごと運ぼう。両手を使えるように、背負子があると便利

優先順位1

最優先で持ち出すモノ

- □ 鳥のエサ
- □ 持病の薬
- □ 飲み水（軟水）

鳥のエサはローリングストック式で多めに備蓄しておこう

優先順位2

できれば持ち出すモノ

- □ 鳥が写っている写真
- □ 鳥と飼い主が写っている写真
- □ 鳥の健康手帳
  （P.110参照。各種検査表もあると◎）
- □ 迷い鳥チラシ

優先順位3

あれば便利なモノ・あとから持ち出すモノ

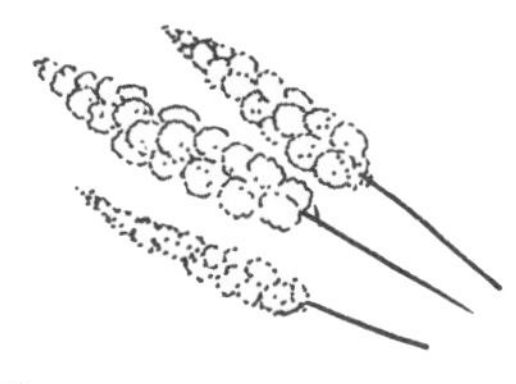

- □ 鳥の好物（おやつ）
- □ 鳥のサプリメント（総合ビタミン剤）
- □ 乾燥野菜
- □ 鳥用消臭剤
- □ 鳥のおもちゃ
- □ 外から設置できるエサ入れ・水入れ
- □ ケージにかける布
- □ 動物用止血剤（クイックストップ）
- □ 鳥を入れるプラケース
- □ 最高最低温度計
- □ ソフトクーラーボックス

人間と共有で使えるモノ

人用にも鳥にも使えるモノなので、揃えておくと便利です。

- □ 飲み水（軟水）
- □ 救急セット
- □ タオル、毛布
- □ 布テープ、ガムテープ
- □ 油性ペン
- □ 新聞紙
- □ ポリ袋（大・小）
- □ ウエットティッシュ（ノンアルコールタイプ）
- □ トイレットペーパー
- □ 掃除用具
- □ 湯たんぽ、カイロ（冬場）
- □ 瞬間冷却剤（夏場）
- □ 乾電池式の扇風機（夏場）
- □ ポータブル電源
- □ 携帯用酸素ボンベ

大人1人が持ち出せるのは、鳥のケージを含め10～15kgが限界。現実的な量と重さに調整して

自分のために用意する　非常用グッズリスト

まずは自分が生き延びなくては、鳥を守ることは不可能です。いま一度、非常用グッズを見直しましょう。鳥用のグッズ同様、最初に持ち出すモノ、備蓄しておいてあとから持ち出したいモノなどに分けて揃えましょう。

非常用持ち出し品

- □ 持病の薬、常備薬
- □ ヘッドライト、懐中電灯
- □ 携帯ラジオ
- □ スマホ充電器（乾電池式が◎）
- □ ヘルメット、防災ずきん
- □ 革手袋、軍手、マスク
- □ 電池
- □ ライター
- □ ロウソク
- □ 万能ナイフ
- □ 現金、小銭
- □ 防災マップ
- □ エマージェンシーシート

飲食品

- □ 飲み水
- □ 主食（レトルトご飯、麺など）
- □ 主菜（レトルト食品、冷凍食品など）
- □ 缶詰（肉や魚の惣菜、果物、豆類など）＊缶切りなしで開けられるモノ
- □ 野菜ジュース、野菜スープ
- □ 加熱せず食べられるモノ（かまぼこ、チーズなど）
- □ 菓子類（チョコレート、飴など）
- □ 栄養補助食品
- □ 調味料（しょうゆ、塩など）
- □ スポーツドリンク（粉末タイプがかさばらない）

災害時だからこそ栄養がある
おいしいものを食べるべき！
災害用に市販されている食品を
揃えるだけでなく
おいしいレトルトを探してみるなど
いろいろ工夫してみて

飲み水は大人１人につき
１日２～3ℓ必要。
水にこだわらずお茶や
ジュースでもOK

生活用品

- □ ティッシュペーパー
- □ トイレットペーパー
- □ カセットコンロ、ガスボンベ
- □ 非常用トイレ
- □ 食品用ラップ
- □ ラテックス手袋(使い捨て)
- □ 洗面用具、歯ブラシ、液体歯みがき
- □ 水のいらないシャンプー
- □ 除菌アルコール
- □ 衣類、下着

女性用

- □ 生理用品
- □ パンティライナー
- □ 携帯ビデ
- □ ヘアゴム
- □ 化粧水などの基礎化粧品
- □ 防犯ブザー、ホイッスル
- □ カップ付きTシャツ

まとめておきたい貴重品

- □ 貯金通帳
- □ 株券
- □ 免許証
- □ マイナンバーカード
- □ 健康保険証
- □ お薬手帳
- □ 年金手帳
- □ 印鑑
- □ 家族の写真

紙製のモノは
ファスナー付き
ビニールケースに
入れておくと◎

スマホ活用術

災害時にはスマートフォンが命綱になることも。電池温存方法などを覚えておきましょう。

いざというときの電池温存術

キー操作音やバイブをOFF

小さなことですが音やバイブを消すことで電池消耗を抑えます。

通信状態が悪いときは機内モードにする

電波が入りづらい場所にいるときは電池の消費が早くなります。通信できなければ機内モードにすることで消費を抑えましょう。

バックグラウンド通信や同期をOFF

最新の情報を必要としない機能やアプリは停止して通信頻度を減らします。

画面を暗く、消灯時間を短く

「明るさのレベル」「明るさの自動調整」「スリープ（画面消灯）までの時間」などを変更して電池の消費を抑えます。

省電力モードにする

バックグラウンドでの通信、CPU動作や画面の明るさなどの機能を制限します。

乾電池式の充電器がおすすめ

充電式のモバイルバッテリーは停電時、一度使ったらおしまいになります。その点、乾電池さえあれば何度も充電できるバッテリーは便利。災害時はアナログのほうが強いこともあるのです。

鳥の写真やデータを保存

災害時に愛鳥が行方不明になってしまったとき、またボランティアさんに愛鳥をあずけるときなどのために、鳥の写真や健康データを持ち出せるのが理想。ただ荷物がキャパオーバーだったり、鳥かごを持ち出すので精一杯なことも想定し、スマホの中に鳥の写真や健康データを入れておきましょう。さらにGoogleドライブなどのファイル保管サービスにも入れておき、家族と共有しておきます。いざとなればカメラ屋さんやコンビニでスマホからプリントできます。

スマホに保存しておくとよいもの

- 鳥の写真（特徴がわかるもの数点。足環なども）
- 鳥と飼い主が一緒に写っている写真
- 愛鳥の健康手帳（P.110参照）
- 持病の薬の名前
- 動物病院の連絡先
- 迷い鳥チラシ

情報収集

災害時には情報が錯綜しデマも広がります。惑わされないためには信頼できるところから情報収集することが大切です。

お役立ちTwitter

内閣府防災 ……… @CAO_BOUSAI
首相官邸（災害・危機管理情報） ……… @Kantei_Saigai
総務省消防庁 ……… @FDMA_JAPAN
国土交通省 ……… @MLIT_JAPAN
日本気象協会公式の天気予報専門メディア ……… @tenkijp
NHK ニュース ……… @nhk_news
など

自治体のアカウントもフォローしておくと◎

災害時無料Wi-Fi「00000JAPAN」

地震や洪水などの大規模災害が起こったとき、携帯電話ネットワークに頼らず安否確認や情報収集ができるよう、被災地域の人々のために無料開放される公衆無線LANサービスが「00000JAPAN」。ただし認証手続なしに接続できるためセキュリティ対策が講じられておらず、通信内容の盗聴や情報の窃取が行われる恐れも。ネットバンキングなど個人情報の入力は極力避けて。

note

書き込み式 愛鳥の健康手帳

避難生活中、鳥をあずかってもらうことを想定して、お世話してもらう人に伝えたい情報を書き込みましょう。コピーして書き込み、非常用袋に入れておくと◎。

鳥の名前　♂　♀	
鳥の顔・羽根色・特徴がわかる写真をここに貼りましょう。	
鳥種	
カラー	誕生日　年　月　日
全長	体重
おしゃべり・覚えている歌・その他特徴	
身元表示	足環　あり／なし（特徴　　）
	マイクロチップ　あり／なし（番号　　）

<table>
<tr><td rowspan="2">食事</td><td>普段のエサ</td><td>好物</td></tr>
<tr><td colspan="2">1日の食事量</td></tr>
<tr><td rowspan="3">持病</td><td colspan="2">病名</td></tr>
<tr><td colspan="2">持病の薬（薬の名前、投薬の量・回数）</td></tr>
<tr><td colspan="2">その他病歴</td></tr>
<tr><td rowspan="3">飼い主</td><td colspan="2">名前</td></tr>
<tr><td colspan="2">住所</td></tr>
<tr><td>電話番号</td><td>Mail</td></tr>
<tr><td rowspan="4">かかりつけ動物病院</td><td colspan="2">病院名</td></tr>
<tr><td colspan="2">電話番号</td></tr>
<tr><td colspan="2">住所</td></tr>
<tr><td>診療時間</td><td>休診日</td></tr>
</table>

編集・執筆

富田園子

ペットの書籍を多く手掛けるライター、編集者。日本動物科学研究所会員。編集・執筆した本に『決定版 猫と一緒に生き残る防災BOOK』（日東書院本社）、『幸せな文鳥の育て方』（大泉書店）など。

監修

平井潤子

人と動物の防災を考える市民ネットワーク、NPO法人アナイス代表。緊急時に飼い主と動物が同行避難し、人と動物がともに調和して避難生活を送ることができるよう、知識と情報の提供を行っている。http://www.animal-navi.com/

小嶋篤史

獣医師。鳥と小動物の病院リトル・バード院長、ヤマザキ大学客員准教授、鳥類臨床研究会副会長、日本獣医エキゾチック動物学会理事。著書に『コンパニオンバードの病気百科』（誠文堂新光社）など。本書の獣医学部分（応急処置等）を監修。

スペシャルアドバイザー

梅川千尋

神戸にある「とりみカフェ ぽこの森」オーナー。阪神・淡路大震災を経験。愛玩動物飼養管理士一級、ペット共生住宅管理士、ペット災害危機管理士、小動物防災アドバイザー。

STAFF

デザイン ………… monostore（日高慶太、酒井絢果）
イラスト ………… 坂木浩子
企画・進行 ………… 本田真穂

いちばん役立つペットシリーズ

決定版 鳥と一緒に生き残る防災BOOK

2023年2月20日　初版第1刷発行

編　者　鳥防災編集部
編集人　宮田玲子
発行人　廣瀬和二
発行所　株式会社 日東書院本社
〒113-0033　東京都文京区本郷1-33-13　春日町ビル5F
TEL 03-5931-5930（代表）FAX 03-6386-3087（販売部）
URL http://www.tg-net.co.jp/
印刷・製本所　図書印刷株式会社